CCTV 12 法律讲堂

守财有道

徐阳律师
解读婚姻继承纠纷
20例

徐阳 ◎ 著

中国出版集团 中国民主法制出版社 | 全国百佳图书出版单位

图书在版编目（CIP）数据

守财有道：徐阳律师解读婚姻继承纠纷20例/徐阳著. —北京：中国民主法制出版社，2021.6
ISBN 978-7-5162-2616-2

Ⅰ. ①守… Ⅱ. ①徐… Ⅲ. ①婚姻家庭纠纷—处理—中国 ②继承法—民事纠纷—处理—中国 Ⅳ. ①D923.9 ②D923.5

中国版本图书馆CIP数据核字（2021）第099374号

图书出品人：刘海涛
出版统筹：石 松
责任编辑：张佳彬 董 理

书 名/守财有道——徐阳律师解读婚姻继承纠纷20例
作 者/徐 阳 著

出版·发行/中国民主法制出版社
地址/北京市丰台区右安门外玉林里7号（100069）
电话/（010）63055259（总编室） 63058068 63057714（营销中心）
传真/（010）63055259
http://www.npcpub.com
E-mail:mzfz@npcpub.com
经销/新华书店
开本/16开 710毫米×1000毫米
印张/12 **字数**/190千字
版本/2021年7月第1版 2021年7月第1次印刷
印刷/北京天宇万达印刷有限公司

书号/ISBN 978-7-5162-2616-2
定价/29.00元

序

家庭是每个人的避风港湾，如遇惊涛骇浪，港湾里也可能翻船，家事无小事。随着社会的进步，生活和家庭模式均发生了翻天覆地的变化，传统观念面临前所未有的挑战。社会的进步、科技的发展、经济的独立使得夫妻依赖度降低，婚姻状态各不相同，离婚理由千奇百怪。当夫妻一方找律师咨询离婚的时候，婚姻往往到了解体的边缘。俗话说，宁拆一座庙不拆一桩婚！我在接待要离婚的客户时，先要判断是危机婚姻还是死亡婚姻，有没有挽救的可能。世上没有完美的人更没有完美的婚姻，相爱一辈子、争吵一辈子、忍耐一辈子这就是夫妻。在我的帮助下，有些夫妻重归于好。对于感情确已破裂的死亡婚姻，离婚在所难免。离婚带走的不仅是感情，还面临着财产分割、子女抚养等问题。对于一些家族企业高净值客户利益之争有时不亚于上市公司并购重组，夫妻矛盾波涛汹涌甚至你死我活！协助客户理性、妥善地处理后续离婚清算事宜是律师的职责所在，善良的心、理性的法是解决问题最好的指路明灯。

2020 年中国个人可投资资产总规模突破 200 万亿元，未来 10 年中国将面临人类历史上最大规模的代际传承。万贯家财如何传承是很多高净值客户关心的问题。

财产类型多样化，处理财富传承的问题越来越有“技术含量”，根据客户的房产、股权、金融资产甚至境外资产情况，律师将综合运用赠与、遗嘱、保险、信托等工具，将财富按照客户的心愿给到想照顾的人，对于已经引发争产大战的家庭，客观分析，引导遗产合理分配，化解家庭矛盾定分止争。

我从 2008 年开始参加中央电视台社会与法频道《法律讲堂》栏目的录制，至今已持续 12 年，我以实际行动表达了对《法律讲堂》栏目的热爱。《法律讲堂》培养了我、锻炼了我、提升了我！我把新政法规、办案实务经验掰开揉碎融入我录制的节目中，希望每期节目都能入情入理地传递一些正能量，对于生活中常见的风险给大家提个醒。这次筛选出20个婚姻继承纠纷典型案例整理、精编出书，在通俗易懂的案例内容的基础上进行了补充，增加了法律链接和办案感悟，重在增加本书的专业性和实用性，让读者在看完每个案例后遇到类似的问题时，能在本书中找到解决问题的思路和方法。

律师的王冠是用荆棘编织而成的。律师的作用不仅在于具体问题、具体案件的解决，更在于提炼总结后的普法宣传，后者的意义更大，未雨绸缪总不至于浑身湿透。所以，我不仅在中央电视台讲，也应银行、保险公司等金融机构邀请给他们的客户讲，有时也深入社区给街道的大爷大妈讲。我认为很多家庭矛盾往往是家庭成员以爱的名义滥用权利而导致的。每个人的权利、义务都有边界，每个家庭角色的背后都有自身的责任。家是最讲情的地方，但也要讲理，更要讲法，法律规定作为底线平衡各方利益。

2021年1月1日《中华人民共和国民法典》（以下简称《民法典》）实施后，我们再次梳理了本书涉及的全部法律条文，尤其是因《民法典》实施而废止的条文，与《民法典》进行了逐一比对。本书20个案例，大部分案例适用的法条为《民法典》将原有婚姻法、继承法及司法解释相关规定直接保留，并未做实质性修订。其中有3个案例（《亡命鱼塘》《要命的黄昏恋》《不可思议的卖婴案》）适用的法律条文，在《民法典》中有部分实质性修订，比如，案例《亡命鱼塘》中取消了公证遗嘱的效力最高的规定，《民法典》继承编中规定的所有形式的遗嘱效力层级一律平等，《民法典》第一千一百四十二条规定，遗嘱人可以撤回、变更自己所立的遗嘱。立遗嘱后，遗嘱人实施与遗嘱内容相反的民事法律行为的，视为对遗嘱相关内容的撤回。立有数份遗嘱，内容相抵触的，以最后的遗嘱为准。案例《要命的黄昏恋》中涉及的协议离婚，《民法典》新增了离婚冷静期制度，《民法典》第一千零七十七条规定，自婚姻登记机关收到离婚登记申请之日起三十日内，任何一方不愿意离婚的，可以向婚姻登记机关撤回离婚登记申请。前款规定期限届满后三十日内，双方应当亲自到婚姻登记机关申请发给离婚证；未申请的，视为撤回离婚登记申请。案例《不可思议的卖婴案》中涉及的收养条件，

《民法典》进行了适当放宽，《民法典》实施前收养的条件之一是无子女，《民法典》实施后收养的条件修改为无子女或者只有一名子女，《民法典》第一千零九十八条规定收养人应当同时具备下列条件：（一）无子女或者只有一名子女；（二）有抚养、教育和保护被收养人的能力；（三）未患有在医学上认为不应当收养子女的疾病；（四）无不利于被收养人健康成长的违法犯罪记录；（五）年满三十周岁。

本书中的20个案例都是根据真实案例改编，《民法典》的实施不影响判决结果和法律解析，广大读者仍能从中学到实用的法律知识。普法之路任重而道远，让我们一同努力共建和谐家园，家和才能万事兴！

徐阳

辛丑夏日

目　　录
CONTENTS

肖峰交友不慎，因经营不善急于走出困境，被朋友欺骗投资失败，债台高筑，年轻的妻子在朋友的离间下选择离开。夫妻本是同林鸟，大难临头各自飞。肖峰欠下的债务妻子要不要共同偿还？夫妻共同债务如何界定？

姑嫂遗产大战

关键词　法定继承　代位继承

2015 年暑假，刘娟突然接到远在英国的嫂子周梅打来的电话。嫂子在电话里哭着说："你哥刘鹏已经走了，我在储物间的衣柜里发现了他的尸体。发现时他瞪着眼睛，脸色青紫，面目狰狞，已经没了呼吸，身体已经僵硬。你哥就这样走了，没有任何交代。我想婆婆岁数大了身体不好，只能通知你了。"刘娟听到这个消息，如遭晴天霹雳！哥哥今年刚刚 48 岁，移民英国快 20 年了，身体好好的，怎么突然就没了？哥哥怎么会如此痛苦地惨死家中，这里面一定有问题！

刘娟依然记得两天前嫂子曾打过电话，说哥哥离家出走，不知去向。刘娟当时就有种不祥的预感。没想到哥哥半年前回国还好好的，这一走竟成了永别。这种奇怪的非正常死亡，更让人在感情上无法接受。刘娟对哥哥的死充满了疑惑，哥哥到底出了什么事？是自杀还是他杀？她甚至怀疑哥哥的死跟嫂子有关。

刘娟觉得，家里只有兄妹两人，查明哥哥的死因自己责无旁贷。刘娟在电话里质问嫂子："我哥怎么突然就没了？人在你那儿，你得给我一个交代。我这就订机票赶过去。"嫂子答道："你能赶过来最好，现在家里到处都是警察。你哥突然走了，我现在是一团乱麻。"刘娟从嫂子那儿没有得到更多的信息，她以最快的速度办理签证、订机票去英国，她要去看个究竟。

刘娟对哥哥感情深厚，两人相差 5 岁，从小哥哥看着自己长大，直到哥哥 1997 年全家移民英国以后，兄妹见面的时间才越来越少。近几年父母岁数大了，哥哥每年都会回国看望、陪伴父母。父亲退休前是机关里的公务员，母亲在学校当老师，也算是书香门第。2014 年 12 月父亲去世，母亲情绪非常低落，需要人照顾，当时母亲非常希望哥哥留下来照顾她，但是嫂子不同意。所以，为了照顾母亲，刘娟办了提前退休手续，这样就有更多的时间陪伴母亲。刘娟怀疑嫂子也不是毫无根据，哥哥是个典型的“妻管严”，什么事都是嫂子做主，刘娟一直就看不惯。刘娟回想起哥哥在 2015 年 7 月初，大概是在出事前半个月打来的最后一个电话，哥哥曾在电话里对刘娟说，他现在看什么都是灰色的，一切都没有意义。当时，刘娟感觉到哥哥心情特别差，还问哥哥是不是和嫂子吵架了，哥哥却避而不答。刘娟觉得哥哥出事肯定跟嫂子有关。刘娟带着这些疑问，一周后，赶到了哥哥家中。

刘娟与哥哥半年不见已是阴阳相隔，哥哥死得蹊跷，刘娟心情难以平复，见了面就问嫂子出事的经过。嫂子说：2015 年 7 月 15 日那天早上，刘鹏起得很早，当时也就是早上 5 点多钟，我没有感到任何异常，当天晚上很奇怪他没有回家。我打电话发现他手机在家里，就没有联系上。我以为他的单位临时安排他外出，忘带手机，才没告诉家里。可是，第二天单位打来电话，问他为什么没有去上班，我才意识到出事了，开始四处去找他。找遍了所有他可能去的地方，也没有找到，当天晚上就报了警。第三天早上，我坐在一楼沙发上想，他会去哪儿了呢？无意中发现楼梯后面储物间的门开了个拳头大小的门缝，这个储物间平时很少有人过去，门都是关着的。我感到有些奇怪，进去一看，发现大衣柜的门也是开着的，刘鹏就靠在大衣柜最下面的格子里，人已经僵硬了。我当时吓坏了，尖叫声惊动了儿子。后来打电话通知警察，警察过来把尸体拉走了，说要进一步解剖，查明死因。你哥走得太突然，死亡原因要等警方的尸检结果。刘娟打心里不相信嫂子，她觉得哥哥奇怪地死在家里，最可疑的就是嫂子。在警方下达正式结论之前，嫂子难逃嫌疑。

刘娟赶到英国的第三天，警方出具了尸检报告，尸检结论是刘鹏服用了大量安眠药导致死亡。这一结论并没有打消刘娟心里的疑惑，那会不会是有人给哥哥下药，不能完全排除他杀的可能。刘娟一想到哥哥的尸体被解剖，至今还冷冻在太平间，心里格外难受。尸检结论一出来，刘娟就催着嫂子办理相关手续，一起安葬了哥哥。哥哥终于入土为安，可是警方正式的结案报告还没有做出来，到底是自杀还是他杀，还没有结论。此时，刘娟很想把哥哥的事情彻底搞清楚，但是保姆几次来电话催她回国，说老母亲天天问她去哪儿了，四处找她，不小心还摔倒了，现在卧床不起，让刘娟赶快回国。刘娟不得不赶回国内，照顾老母亲。

刘娟回国后不到半个月，嫂子给她打电话说警方做出了正式的结案报告。警方根据现场勘查，刘鹏家里并没有外人进入的痕迹，刘鹏身上的钱包、手机，家里的贵重物品也没有丢失。刘鹏身上没有外伤，没有血迹，没有被搬运的痕迹，死者手里还攥着剩余的安眠药。死者自行服用大量安眠药后靠在储物间衣柜里死亡，排除了他杀的可能，结论是自杀身亡。刘娟觉得好好的哥哥为什么自杀呢？总要有个原因吧，人要结束自己的生命得下多大的决心？对于哥哥自杀的原因，刘娟仍然想不明白，就算哥哥自杀，嫂子也有责任。

对于哥哥的死讯，刘娟对母亲是守口如瓶，每当母亲问起哥哥怎么这么长时间没打电话，刘娟就打马虎眼，找各种理由隐瞒。到了春节，实在是瞒不下去了，刘娟给嫂子打电话，让两个孩子给奶奶拜了个年。大家相约，都保守这个秘密。老人家虽然嘴上不说心里也产生了怀疑，身体越来越差。2016 年 2 月 3 日老母亲病危，刘娟赶紧给远在英国的嫂子打电话，问能不能让老人家见孙子孙女最后一面？当时嫂子在电话里说她正在出差，两个孩子都上学赶不回来。刘娟听了非常失望！第二天老母亲就病逝了，刘娟独自处理了老人的后事。她觉得自己好累，连续三年失去了三位亲人。先是父亲 2014 年去世，哥哥 2015 年去世，母亲 2016 年去世，自己在失去亲人的悲痛中难以自拔，觉得孤零零、空荡荡。母亲去世，嫂子没有回国参加葬礼。刚处理完后事，嫂子就打来电话说：没能赶回去参加葬礼非常抱歉，很快就到暑假了，到时会带两个孩子回国祭拜二老！如今父母都已经过世了，父母留下的遗产也商量商量把手续办了，主要就是爸妈留下的两套房子。刘娟听到这儿非常生气，不客气地说：如今老人尸骨未寒，嫂子就这么着急分遗产吗？我哥死得不明不白，你别忘了，你还欠我们家一条人命呢！刘娟气得摔了电话，不想再听嫂子说话。此后，嫂子周梅又给刘娟打过几次电话，刘娟一看是国际长途就不接了，她不想见嫂子，更不想跟嫂子谈什么遗产。

时间很快到了2016年暑假，刘娟躲是躲不过去的，嫂子找上门来了。嫂子这次是有备而来，她希望能够心平气和地和小姑子聊一聊，打开小姑子的心结，化解对自己的误解。而刘娟一见嫂子没好气地说：你来干什么？不会是来分遗产的吧？嫂子周梅原本准备好的和解思路一下子被打乱了，气愤地回应：分遗产也是理所当然，爸妈的遗产当然有我们的份儿，爸妈在的时候就说过把大房子给我们。刘娟反问嫂子说：我怎么不知道爸妈要把大房子给你们？你有遗嘱吗？如果是来分遗产的，咱们法庭上见，我奉陪到底！周梅灰头土脸地被小姑子刘娟轰出家门。对于丈夫自杀的原因，周梅本想跟小姑子当面解释，好些话压在心底，可是刘娟并没有给她解释的机会。

周梅看来是没有办法和小姑子缓和关系，更没有可能协商分割遗产，只剩下打官司一条路了。周梅是请假回来的，要赶回英国上班，两个孩子也要赶回去上学，所以继承的案子只好委托律师代理。那么，刘鹏移民后有着怎样的遭遇，一家人在英国生活得怎么样？刘鹏自杀的原因到底是什么？

这些周梅本打算跟小姑子解释的，现在只能跟律师讲了。周梅说，她和刘鹏两个人是大学同学，两人成绩都名列前茅，属于学霸级的，彼此欣赏。刘鹏研究生毕业分到大医院工作；周梅一直读到博士毕业，博士毕业后她分到研究院搞科研，两人也结束了爱情长跑，步入婚姻殿堂。结婚后生活幸福甜蜜，生了一个女儿，女儿两岁的时候周梅的单位公派她到英国学习。在20世纪90年代初，公派出国留学是非常时髦和难得的机会。她对英国向往已久，对一切都感到很新鲜，她勤奋好学顺利完成了学业。让周梅意外的是校方抛来了橄榄枝，推荐她到一家研究机构从事科研项目。这对周梅来说是一个难以拒绝的诱惑，那时候能留在英国发展的人可以说是凤毛麟角，有先进的科研设备，能和顶尖的人才一起工作，赚的是英镑，周梅当然不想错过这个好机会，最终决定留在英国。她向原单位递交了辞职信，还交了违约金。刘鹏看她在英国发展得不错，考虑到两个人有了女儿，长期分居也不叫个家啊，刘鹏打算一起出去打拼。这一想法遭到了公公婆婆反对，老两口认为医生是个铁饭碗，刘鹏不应该放弃这么好的工作而去国外过漂泊不定的生活，但是刘鹏没听父母的意见，辞去了工作。

周梅说，1997 年她帮丈夫办了移民到英国的手续，就这样一家三口全部移民到英国。当时很多人都非常羡慕，对于新生活刘鹏也充满喜悦和期待。周梅科研项目的工作虽然很累，但收入还可以，可以养活三口人。刘鹏刚到英国时不适应，语言不通，生活不方便，更别说找工作了。刘鹏在国内的医生执业资格在英国根本就不被认可，在英国申请医生执照是非常困难的，刘鹏根本不符合条件。因此，他只能改行，从头学起。从学语言开始，他一边学语言，一边照顾孩子，就这样一直到女儿上学。刘鹏觉得自己可以试着在外面找份工作，结果四处碰壁。在国内他学的是医学，做的也是医生，除此之外，他什么也不会。周梅又帮丈夫联系学校学了两年计算机，毕业后刘鹏以自雇的形式接点活儿，贴补家用。也就在那一年，周梅怀上了二胎，两人生活并不富裕，周梅属于高龄产妇，工作压力太大了，承受不了，为了保住这个孩子，周梅选择了辞职。就这样，家里又添了个儿子，周梅在家带孩子两年没有工作，生活的重担全压在刘鹏身上。刘鹏为了养家吃了不少苦，什么活儿都干过，到餐馆当服务员刷盘子甚至是搬运工。周梅看在眼里疼在心里，她能够感受到刘鹏所遭受的打击和心理落差。两年后周梅重新找了一份公务员的工作，收入不高但比较稳定。那一年周梅贷款买了现在的房子，房贷基本上是她一个人在还。

刘鹏是个很孝顺的人，随着父母年龄越来越大，他每年都回国看望父母。因为刘鹏老请假回国，丢工作也是很正常的事。但是，刘鹏给妹妹的感觉是在国外混得不错。他不想让妹妹担心，也不想让同学朋友看不起他，所以，刘鹏是那种把苦都憋在心里的人。大概在三年前，周梅发现刘鹏的性格发生变化，越来越不爱说话，总是一个人若有所思，偶尔会问些莫名其妙的问题。发现刘鹏有些不正常，后来就督促刘鹏去看心理医生，结果经过医院诊断，刘鹏已经患有抑郁症，医生开了些抗抑郁的药，经过一段时间的治疗，病情得到有效控制，看上去也和正常人没有什么区别。但对于得病的事，刘鹏叮嘱不要和任何人说，包括父母和孩子，所以，周梅一直保守这个秘密。后来公公去世，刘鹏回国处理父亲的后事将近两个月，周梅非常担心，经常叮嘱他按时吃药。父亲的去世对刘鹏打击比较大，加重了他的病情，回到英国后情绪非常低落。父亲去世，母亲身体不好，他一直非常牵挂。刘鹏最后以这样的方式残忍地离开，没有任何交代，周梅一直很难接受，到底为什么？难道是治疗一点效果都没有？周梅拿着刘鹏吃的药去找以前给刘鹏看病的心理医生，这位心理医生对刘鹏的病情比较了解，调出了刘鹏三年来的病历，发现刘鹏自杀前一段时间自己擅自换了药，病情没有得到有效控制，抑郁症渐渐发展为重度抑郁，最终导致自杀。

周梅委托的律师把警方的结案报告，刘鹏患抑郁症的诊断和三年的病历，整理出来都作为证据提交法院，希望可以说服小姑子接受面对哥哥自杀的事实，化解姑嫂间的矛盾。可是，冰冻三尺非一日之寒，这姑嫂间的战争只是刚刚开始，更大的纠纷还在后面。

2016 年 8 月的暑假即将结束，刘娟收到了法院的传票，嫂子和两个孩子作为原告要求分割父母留下的两套房产。两个月后，姑嫂在法庭上相见，作为被告的小姑子刘娟非常气愤，一开庭就表明不同意原告的诉讼请求。刘娟说，“父母在，不远游”，哥哥嫂子早年出国，尽管哥哥每年回来，但在国内的时间也非常有限，父母主要是自己赡养，因此，哥哥、嫂子未尽到赡养义务，应当不分或者少分。而且对于哥哥在英国的房产也应当作为遗产一并分割。哥哥刘鹏在英国先于母亲去世，母亲还在世，按中国的继承法，哥哥刘鹏在英国的房产是一套复式结构的户型，面积有 180 平方米，母亲也有继承权，母亲继承的份额就属于母亲的遗产，我对母亲的遗产也有继承权，所以就两抵了，两不相欠。

那么，刘娟的说法成立吗？对于英国的房产是否能作为遗产进行分割呢？

对于这个问题，周梅早有准备，这次她是拿着英国的判决书回来的。她在法庭上说，英国的房产房款基本上由她一人支付，刘鹏去世后，按照英国的法律是由配偶一方继承，父母是没有继承权的，这与国内的继承法有很大的区别。刘娟听明白了，合着嫂子在英国的房子已经拿到手了，现在就是来分国内父母留下的两套房子，她觉得这不公平，凭什么就适用英国的法律呢？对于涉外案件应当适用哪国的法律呢？法官在庭审中进行了释明，在我国，对于涉外继承案件实行专属管辖。

法律链接>>>

● 专属管辖

民事诉讼法第三十三条　专属管辖

下列案件，由本条规定的人民法院专属管辖：（一）因不动产纠纷提起的诉讼，由不动产所在地人民法院管辖；（二）因港口作业中发生纠纷提起的诉讼，由港口所在地人民法院管辖；（三）因继承遗产纠纷提起的诉讼，由被继承人死亡时住所地或者主要遗产所在地人民法院管辖。

本案中，刘鹏死亡时住所地在英国家中，主要遗产房产所在地也在英国，因此应由英国法院管辖，适用英国法律。刘鹏去世后，该房屋经英国高等法院家事法庭的法院判决归原告周梅所有，所以不属于本案中分割的遗产范围。

周梅的代理律师提出，刘鹏的父母分别于2014年和2016年去世。登记在父亲名下的两套房产均是夫妻共同财产，在没有遗嘱的情况下应当按照法定继承分配。刘鹏的父亲最先去世，父亲所享有的房产1/2份额应作为遗产进行分割，应当由第一顺序继承人平均分割，第一顺序继承人为配偶、父母、子女，此时继承人有母亲、刘娟、刘鹏三人，三人各得1/6。对于刘鹏所得的1/6，在父亲没有遗嘱的情况下，按照《婚姻法》的规定，有妻子周梅一半即1/12份额，剩下的一半1/12份额作为刘鹏遗产予以分割。本案中刘鹏的父亲于2014年去世，当时考虑到母亲在世，母亲还住着房子，遗产并未进行分割。刘鹏去世后，他的1/12份额作为遗产由他的法定继承人转继承。当时他的母亲在世，因此由配偶周梅、母亲、两个子女四人继承各得1/48。2016年刘鹏的母亲去世，刘鹏母亲本身享有两套房产1/2份额再加上从老伴那儿继承的1/6、从儿子刘鹏那儿继承的1/48总共33/48份额，母亲去世后谁来继承？刘鹏已经先于母亲去世他还有权继承吗？我国继承法上有一个代位继承的概念，那什么是代位继承？

法点释义：代为继承>>>

代位继承是指被继承人的子女先于被继承人死亡或被宣告死亡，被继承人的子女的晚辈直系血亲代替被继承人子女的继承顺序，继承被继承人子女的应继承的遗产份额的制度。继承法第十一条规定，被继承人的子女先于被继承人死亡的，由被继承人的子女的晚辈直系血亲代位继承。代位继承人一般只能继承他的父亲或者母亲有权继承的遗产份额。

结合本案，刘鹏的母亲去世时，刘鹏已经死亡，虽然刘鹏自身已经无法再继承，但是他的两个子女可以代位继承奶奶的遗产。根据上述规定计算下来，三原告继承两套房产的份额合计47/96，被告刘娟继承份额为49/96，刘娟的份额比一半多一点点。

在这样一个前提下，双方都是亲人，法官尽量促成和解。平时姑嫂两个人沟通很少，猜疑记恨很多，在法庭上，刘娟第一次看到哥哥刘鹏抑郁症的诊断和三年来看病的病历。她没有想到，一向优秀、外表坚强的哥哥，其实内心早已是一潭死水，刘娟也更没有想到嫂子一家人在英国如此艰难。最近，她整理父母的遗物时也发现了哥哥写给父母的一些信件，里面的确也提到过在英国工作不稳定，曾经读书期间还跟父母借过钱，看来嫂子说的是实情。哥哥从小很优越，一向都是好学校优等生，工作分配到好单位，学习、工作、生活都一帆风顺，没有吃过苦，移民英国以后一直没有找到自己的位置。他从心里怎么能接受最底层的工作？对哥哥来说这无疑是一种折磨，他吃了太多的苦，最后看不到希望而崩溃。刘娟甚至觉得哥哥移民英国也许就是个错误的决定，如果一直在国内发展，凭哥哥的条件一定会发展得不错，不可能得什么抑郁症。嫂子周梅一再解释说，她打这场官司并不是为自己，而是为儿子争取学费，因为儿子已经接到了英国名校的入学通知，但是她现在根本无力支付学费。刘娟作为姑姑，听到这儿心软了，说她一直不愿意跟嫂子分割遗产就是想等两个孩子长大成人。双方在法官的主持下最终达成和解，大房子归国内的刘娟所有，小房子归三原告（嫂子和两个子女）所有。鉴于两个房屋面积相差30平方米，刘娟同意一次性补偿三原告房屋折价款100万元。案子到这儿就结束了。

案件感言：房产继承>>>

房子是很多家庭最主要的资产，房产的继承并不是一件容易的事，继承的手续还是很烦琐的，需要提供身份和财产方面诸多证明材料，包括：(1) 法定继承人的身份证明（如居民身份证、户口簿及复印件）；(2) 法定继承人的亲属关系证明；(3) 被继承人的婚姻、父母、子女情况证明；(4) 被继承人死亡证明，如涉及祖父母、外祖父母的死亡证明；(5) 遗产权属证明（如房产证）等。一旦进入继承通道的遗产，就必须要提供这些证明材料。这起继承案件因为嫂子周梅无法取得亲属关系证明、立案后申请法官调取被继承人公公婆婆的档案，调取证据的时间不在审限之内，整个案子在法院打了一年多的时间，耗时耗力伤感情。所以建议老人在生前立好遗嘱，实现定向传承，将房产给到您想给的人，照顾到您想照顾的人，一定程度上也可避免争遗产大战。同时，老人要提前准备好将来子女继承所需的证明材料，避免将来子女难以获取，房子无法办理继承，只能继续居住，无法过户，也无法变现。

“死而复生”的女儿

关键词　善意取得　法定继承

2017年元旦，一阵急促的电话铃声打破了清晨的宁静。退休在家的老王接了电话，是女婿黄杰打来的。老王听女婿的语气不对，连忙问：怎么了？出了什么事？话音刚落，就听女婿带着哭腔说：爸，不好了！小雪出事了，现在正在医院抢救呢！可能快不行了，您和妈快过来吧！听到女儿出事了，老王怎么也不敢相信，自己的女儿刚30岁出头，身体健健康康，怎么突然会在医院抢救，就要不行了呢？到底发生了什么事？

王雪是独生女，是老两口的掌上明珠，也是唯一的依靠。王雪从小就懂事，学习和生活一直不需要父母操心。她对父母十分孝顺，一有时间就陪在父母身边，周围邻居对她赞不绝口。虽然成年以后，小雪的感情生活并不顺利，中间也吃了不少苦头，作为父亲，老王看在眼里疼在心里。后来，女儿认识了黄杰，两人坠入爱河，女儿再婚嫁给了他。老王本以为女儿总算是苦尽甘来，找对了人，怎么好好的，就突然进了医院呢？

老两口赶到医院，只见抢救室外，女婿神情不安地走来走去。老王赶紧问：小雪现在咋样了？发生了什么事？黄杰无奈地说：我也不知道啊，早上起来我就看到小雪躺在地上，还以为她睡觉不老实翻下去了，可是怎么叫都没有反应，身体冰凉冰凉的，我就赶紧叫了救护车。对于女婿的解释，老王虽然心存疑虑，但也深知眼下女儿的生命才是最要紧的。他没再多说什么，一边安慰妻子，一边等待抢救结果。经过一个多小时的抢救，医生最终没能挽回小雪的生命。当小雪从抢救室推出来时，老王心痛地发现，女儿的脸上、身上竟然有大面积青紫，而且头部也有一定程度的损伤，嘴角也被擦破。看到女儿伤痕累累，老王勃然大怒，他揪着女婿的衣领，气得浑身发抖：你们之间究竟发生了什么事？你必须一五一十地告诉我！为什么小雪伤得这么重？是不是你害死了我的女儿！

在岳父的步步紧逼下，黄杰连连摆手否认，并耐心解释。前一天晚上，他在外应酬，时间有点晚了，小雪一遍一遍地打电话催他回家。他回家后，小雪又不让他睡觉，非说身上有其他女人的香水味。黄杰被妻子吵得不耐烦，便争辩了几句，将妻子推到一边自己就睡了。第二天醒来，发现小雪躺在地上，不省人事。黄杰觉得自己非常委屈，妻子为什么满身伤痕，为什么丧命，自己也是摸不着头绪。与妻子结婚多年，一直是呵护有加，怎么现在就成了杀人凶手呢？虽然女婿的表情十分无辜，可是老王却始终认为女婿在说谎。女儿的身体一向很好，如今突然离世，身上又满是伤痕，其中必有隐情。他坚信，女儿的离世与女婿绝对脱不了干系！为了不让女儿冤死，老王报了警。他怀疑女儿是被女婿伤害致死，所以脸上才会有大面积的青紫。

警方接到报警后很快赶到现场。老王认为是女婿害死了女儿。对此，黄杰一口否认。他说当天晚上的确与妻子发生了争执，中间也有过肢体上的冲突，只是互相推搡，远没达到施暴的程度，怎么可能造成妻子死亡呢？经过调查，警方发现，王雪的入院病历记载，她在入院时有轻微的软组织挫伤，但并不致命。病历上并未记录王雪面部有大面积青紫的现象，这说明，王雪身上的伤是在入院后造成的。那么，王雪身上的伤痕究竟是怎么来的？王雪的死因又是什么？法医对王雪进行了尸检，尸检结果出乎所有人意料。原来王雪的死因是肥厚性心脏病，她因突然遭受精神上的刺激而病发身亡。对此，老王感到难以置信，女儿患有心脏病，自己竟然一点儿都不知情。可是，如果女儿真是因为心脏病发作而死，女儿身上大面积的青紫又怎么解释呢？

原来，王雪在送医院抢救时已经没了自主呼吸，医生立即对她进行心肺复苏。在长达一个多小时的抢救过程中，为了确保抢救的效果，呼吸机的三角面罩始终紧紧地压在王雪的面部。正是这种长时间的按压，使得王雪的面部皮下积血。而胸部的青紫同样是在抢救过程中，由于长时间的心外按压造成的，并非老王所认为的是因为女婿殴打导致。

听了法医的解释，老王虽然无法接受女儿的突然离世，但也决定不再追究此事。本以为事情到此会告一段落，谁知女儿的离世给这个家庭带来的影响远没有结束。几个月后，已经濒临破碎的家再起波澜。

王雪大学毕业后在一家外企工作，收入颇丰，婚前名下有一套房产。和黄杰结婚后，两人便一直居住在王雪的房子里。老两口料理完后事，就来到女儿家中，认为房子是女儿的，让黄杰腾房。对于岳父岳母的要求，黄杰有些不满。自己和王雪是合法夫妻，如今王雪去世，按照继承法的规定，自己也是有继承权的。女儿突然去世，老两口与女婿的关系已大不如前，他们不再信任女婿，屡次要求女婿尽快腾房，隔三岔五地就会来女儿的房子催促。一个月后，老两口连续三次来到女儿的房子，女婿都不在家，房门紧锁。老两口觉得不太对劲，跟周围的邻居打听，邻居说黄杰已经好几周没有回来了，像是搬走了。老两口不解，女婿怎么没个交代就不见人影了呢？

女儿生前所有的有效证件都在女婿手中，如今女婿却没了踪影。老两口要想办继承过户，没有女婿的配合只能通过诉讼途径解决，但老两口连立案所需要的身份关系、财产方面的证据都没有。老两口决定先收集相关证据，再起诉。通过调档查询，老两口取得了立案所需的身份信息、亲属关系证明、房产证复印件等证明材料，但就在此时，意想不到的事情发生了。

2017 年 3 月，老两口路过女儿的房子楼下时，习惯性地抬头向女儿生前所住的楼层望去。这一望，吓了一跳，女儿房子的窗户竟然是开着的，屋里隐约还有人走动！难道是女婿回来了？老两口连忙上楼，发现屋里并没有女婿的身影，反而站着不少陌生人，而房间也几乎被搬空。老王充满疑惑地问：你们是谁？在这儿干什么？屋里的人面面相觑，谁也没有出声。这时候，从里屋走出来一位高大的男人，见到二位老人说：我是房主石磊，这房子是我刚刚买下的，正在装修。您有什么事吗？对方这么说，老两口更奇怪了。这是我女儿的房子啊，女儿已经去世半年多，房子怎么会突然被卖出去了呢？

难道是女婿干的？老两口连忙追问：你从谁手里买的？石磊听老人家这样问，心里有点打鼓，自己好不容易攒钱买的房子，可别出什么问题。他告诉老两口，这房子是从一个叫王雪的女士手里买的。王雪？这不是自己的女儿吗？可是女儿已经去世了，怎么会卖房呢？老两口越发感到奇怪。石磊见两位老人不相信，连忙将自己的购房合同拿出来说：您看，上面明明白白写着呢，我还能骗您不成？老王一看，卖方那里赫然写着自己女儿王雪的名字。这就怪了，难道女儿没死？还是死而复生了？

为了弄清事情的真相，老两口赶到房屋登记大厅，找到工作人员说明情况，并要求查看过户当天的签字和过户时拍的照片。老王认为，就算签名是被人假冒的，但照片总不会骗人，是不是女儿王雪，一眼就能认出来。等工作人员调出档案，老两口仔细一看，签字的这个人并不是自己的女儿。那么，假冒王雪的人到底是谁？这个人怎么会有女儿的身份证？为什么会假冒女儿来办理过户手续呢？老两口百思不得其解，根本就不认识这个假冒的王雪，他们决定回去找石磊问个明白，他是唯一能联系上假王雪的人。老两口找到石磊，告诉他卖房人并不是王雪本人，而是其他人假冒的，希望石磊帮忙找到这个假王雪，查出真相。

在老两口的百般劝说下，石磊最终答应了他们的请求，提供了假王雪的电话和地址。老两口立马赶往假王雪的住处，一路上老王就在想，这个冒名女儿的人究竟是谁呢？她怎么知道女儿有这么一套房，而且还拿着女儿的证件呢？在老王敲开门的一瞬间，双方都怔住了。原来，开门的正是失踪已久的女婿黄杰！老王心中的疑惑在一瞬间有了答案，这一切都是女婿在搞鬼！黄杰看到找上门的岳父岳母，深深地叹了一口气。他知道，他们既然已经找到自己，那么自己所做的一切就都瞒不住了。他将岳父岳母请进门，说出了自己和王雪之间发生的事情。

原来，王雪在和黄杰结婚之前有过一段婚姻。王雪虽然人很漂亮，但是婚后两年没有孩子，诊断结果是王雪不能生育。王雪的前夫和家人都接受不了这个事实，两人最终离婚。王雪经历了这一次失败的婚姻，尤其是不能生育的打击以后情绪低落，不愿与人交往，脾气也变得古怪起来。离婚后身边不乏追求者，但王雪不想再次结婚，直到在一次旅行中遇到了黄杰。

当时黄杰一眼就注意到了这个高冷的女孩，她美丽、神秘，深深地吸引着黄杰。于是，黄杰开始不顾一切地靠近这个女孩，想了解这个女孩。这个女孩，就是王雪。王雪并不好接近，黄杰主动搭话献殷勤，王雪对他爱搭不理。黄杰越挫越勇，旅行中形影不离地跟着，无微不至地关怀着。黄杰的热情与执着打动了王雪，她终于开口和黄杰聊天。黄杰借机介绍自己，毕业后创业开公司，如今事业蒸蒸日上，发展得还不错。黄杰觉得自己的公关颇有成效，王雪对他还不错，旅行结束后还给他留了电话。

黄杰对王雪非常着迷，一天不联系就觉得生活少了什么。其实黄杰是有家庭的人，只不过他和妻子长期处在分居状态。如今遇到了真爱，黄杰下决心离婚，后半生和王雪一起度过。黄杰的妻子起初并不同意离婚，但在黄杰的坚持下，最终答应，黄杰在财产上做了妥协。离婚后的黄杰对王雪展开了疯狂追求，可王雪态度并不明朗。黄杰能够感觉到，王雪对自己并非没有感觉，可是他想不明白，是什么原因让王雪如此犹豫，不肯接受自己。

在黄杰的多次追问下，王雪还是觉得自己有不能生育的缺陷，又受到第一段婚姻的伤害，不想再结婚了。她本以为黄杰听到后会离开，但是黄杰并没有这么做。对于黄杰来说，已经有了一个女儿，王雪不能生育他并不介意。黄杰知道王雪的顾虑后，反而对她更好，更体贴。对王雪很正式地说：嫁给我吧，我会让你幸福的。黄杰的话让王雪最终敞开了心扉，两人很快步入了婚姻的殿堂。婚后两人最初的生活很甜蜜，王雪觉得，自己终于找到了幸福。

可是，这种幸福并没有持续多久。黄杰比王雪大十几岁，两人再婚的时候黄杰的女儿已经成年，在读大学三年级。黄杰本想女儿已长大成人不会干涉自己再婚，没想到，女儿对于父亲抛弃亲生母亲的行为非常气愤，为母亲鸣不平，对王雪这位年轻的继母更是充满了仇恨，甚至当众辱骂王雪破坏别人家庭。黄杰面对女儿的反应能够理解，对前妻和女儿内心非常愧疚，王雪却难以忍受这种时不时地冲突和辱骂。黄杰始终觉得亏欠女儿，读大学的学费黄杰全部承担，最要命的是黄杰的女儿提出出国深造读研究生，每年大概需要50万元的学费，王雪坚决不同意。她认为黄杰的公司目前经营状况一般，处于上升期用钱的地方多，家里并没有多余的钱来供他女儿出国读研。眼下根本不具备出国留学的经济条件，黄杰的前妻和女儿这么做就是故意的报复行为。可黄杰认为，女儿的前途是最重要的，女儿从国外学成回来，就会比别人有更高的起点。两人的矛盾渐渐升级。

直到那一天晚上，黄杰在外应酬，王雪不停地打电话让他回家。黄杰回家后还不依不饶地说他身上有其他女人的香水味，必须说清楚。类似的情况结婚以后时有发生。王雪疑心很重，黄杰经营公司又有很多应酬，回来晚了不高兴，喝多了更不高兴，每次都像警察一样审讯，这次更是变本加厉，说不清楚不让睡觉。黄杰当时又累又烦，借着酒劲推了她一把，自己就睡着了，也就是故事开头那一幕。说到这儿，黄杰停顿了一会儿，非常愧疚地说：早知道会发生这样的事，那天就不和王雪吵架了。他真的非常爱王雪，这段日子他一直非常后悔。

老王听到这里，轻轻地叹了一口气。他心里始终无法真正原谅女婿，可事情发展成这样，女儿和女婿都有过错，对于女儿和女婿之间发生的事情，再去追究也没有什么意义。可是，情归情，理归理，即便自己可以理解女婿的做法，但女儿的房子不能就这样不明不白地没了，那是女儿生前唯一的一套房产，怎么说卖就卖了呢？老两口质问黄杰，黄杰说出了自己的苦衷。女儿想出国读研，前妻也帮忙联系好了学校，一直在催着交学费。黄杰的钱都投到了公司里，手上也拿不出几十万元的学费，眼下就只有这套王雪留下的房子，黄杰觉得自己本身也有继承权，只是和两位老人不太好沟通，不如先斩后奏，把房子卖了分钱，也解决自己的燃眉之急。黄杰跟前妻商量后，就让前妻冒名顶替，前妻想把女儿送到国外读书也就同意了，配合黄杰卖了房子。

老王得知事情的经过后，非常气愤。黄杰提出三人平分房款的方案，老两口并不接受，他们认为黄杰应当不分或者少分。老王觉得当务之急是先把房子要回来，于是再次找到买房人石磊，要求归还房屋。老王认为，石磊在签订合同时完全可以根据身份证件上的照片看出这不是王雪本人。既然房子是被他人冒名出卖的，那签订的这份买卖合同就应该无效，房子还是自己女儿的。可石磊声称，自己对于冒名一事并不知情，属于善意取得。自己已经取得房屋的产权了，房子是通过正常渠道，正常价格购买的，凭什么返还？老王见索要房屋无果，最终决定将女婿和石磊告上法庭，请求确认该房屋买卖合同无效。那么，这份买卖合同是否有效呢？关键就在于石磊购买房屋的行为是否构成善意取得。那么什么是善意取得呢？

法律链接>>>

● 善意取得

物权法第一百零六条　无处分权人将不动产或者动产转让给受让人的，所有权人有权追回；除法律另有规定外，符合下列情形的，受让人取得该不动产或者动产的所有权：

（一）受让人受让该不动产或者动产时是善意的；

（二）以合理的价格转让；

（三）转让的不动产或者动产依照法律规定应当登记的已经登记，不需要登记的已经交付给受让人。受让人依照前款规定取得不动产或者动产的所有权的，原所有权人有权向无处分权人请求赔偿损失。当事人善意取得其他物权的，参照前两款规定。

善意取得是指无处分权人将不动产或者动产转让给受让人，如果受让人取得时出于善意且支付了合理的价格，转让的不动产或者动产依照法律规定应当登记的已经登记，不需要登记的已经交付，则受让人将依法取得所有权。本案中，黄杰的前妻在黄杰的指使下假冒王雪卖房给石磊，通过身份证件的照片对比，石磊很容易发现卖房者与房屋所有权人并非同一人，因此，石磊完全有可能得知对方是假冒的，在这一过程中石磊存在一定的过失，因此石磊的情况并不符合善意取得的要件。而黄杰作为实际出卖人与受益人，在其他继承人不知情的情况下擅自处分共有财产，其行为已经侵犯了其他继承人的合法权益，老两口作为房屋所有权人王雪的第一顺位继承人，有权请求确认该房屋买卖合同无效。

庭审中黄杰表示，自己并非是故意躲起来不见人，只是岳父岳母屡次上门指责，要求自己腾房，房产继承的问题始终无法达成一致。又赶上女儿出国读研急于用钱，就让前妻帮忙卖房。现在房款都在自己这儿，愿意拿出来与两位老人协商分割房款。对于两位老人来说，现在房子已经按市场价卖给石磊了，如果坚持主张合同无效，把房子要回来的话，房屋作为遗产同样面临分割的问题，所以，两位老人也可以接受直接分割房款的方案，只是认为女婿应当少分。那么，王雪没有遗嘱的情况下，谁有权继承王雪的遗产呢？按照法定继承如何分配呢？

法律链接>>>

● 法定继承

继承法第十条　遗产按照下列顺序继承：

第一顺序：配偶、子女、父母。

第二顺序：兄弟姐妹、祖父母、外祖父母。

继承开始后，由第一顺序继承人继承，第二顺序继承人不继承。没有第一顺序继承人继承的，由第二顺序继承人继承。本法所说的子女，包括婚生子女、非婚生子女、养子女和有扶养关系的继子女。

第十三条　同一顺序继承人继承遗产的份额，一般应当均等。

《北京市高级人民法院关于审理继承纠纷案件若干疑难问题的解答》第十五条规定，继父母子女间是否具有法定继承人资格，以是否存在扶养关系为判断标准。人民法院在判断是否存在扶养关系时，应依扶养关系的长期性、经济与精神扶养的客观存在、家庭身份的融合性等因素综合进行判断，必要时应依职权进行调查。

本案中黄杰与王雪再婚时，黄杰的女儿已经成年，没有与王雪共同生活且自始至终不认这个年轻的继母，因此，黄杰的女儿与继母王雪未形成抚养关系，不享有对继母王雪遗产的继承权。

法官在调解中释明，按照继承法的规定，黄杰与两位老人享有平等的继承权，原则上应当三人均分。本案中毕竟黄杰瞒着两位老人擅自出售房屋，有错在先，在法官的调解下，黄杰愿意做出让步，最终398万元的房款，两位老人分得了300万元。这样，买房人石磊也就无须再返还房屋了，高效、彻底地化解了纠纷。

案件感言：再婚家庭相处之道>>>

案子到这儿就结束了，王雪与黄杰再婚两年多，再婚没多久双方就因为子女的反对、彼此的不信任等问题矛盾不断。王雪突然去世，其名下婚前房产就成了遗产，王雪的遗产在没有遗嘱的情况下，只能按照法定继承进行分配。其再婚配偶享有法定继承权与她的父母平均分配，这样的分配并不见得是王雪的意愿。要不要给再婚的配偶继承权，应该把权利掌握在自己手里，看再婚后配偶的表现灵活安排。如果再婚生活比较幸福、生活时间比较长，让再婚配偶享有继承权是理所应当的；如果再婚后双方生活并不愉快，时间也比较短暂，再婚的配偶与其他法定继承人均分就不是很合理，完全可以通过生前立遗嘱的方式来实现定向传承，按照自己的心愿将遗产给到想照顾的人。因此，对于再婚，人们应改变传统观念，再婚后自己名下的房产完全可以通过立遗嘱的方式，实现定向传承。如果是现金资产还可通过保险、信托等金融工具进行定向传承。

恋爱是一回事，结婚又是另外一回事。再婚夫妻需要双方付出更多的关怀与包容，不仅包容彼此，更要包容对方的家庭，对方的子女，如果黄杰和王雪懂得再婚夫妻相处之道，也许悲剧就不会发生。要知道，婚姻不是1+1=2，而是0.5+0.5=1。两个人各去掉自己一半的个性，学会谦让和理解，这样才能彼此扶持，相依相伴携手到达幸福的彼岸。

儿子死亡之后

关键词　父母出资购房　祖父母探望权　限制高消费令　法定继承

2017 年秋天，南方某市。在亲朋好友看来，老陈夫妇是有福之人。独生子陈晨聪明帅气又爱学习，打小就是个学霸。名牌大学毕业后，又到英国读硕士、博士，最重要的是陈晨刚一毕业，就被世界五百强的大公司选中，留在英国工作了，赚钱多不说，对父母还孝顺，亲朋好友非常羡慕。老陈的喜悦之情，溢于言表。也许是人生不能太完美，一个跨洋电话，带来的竟是晴天霹雳的噩耗，儿子在英国出事了，人已经不在了。什么原因会让好好一个人说没就没了？是意外，还是他杀？陈晨所在的英国公司工作人员打来电话，说陈晨在参加公司的体育活动时突发脑出血，经抢救无效死亡。什么体育活动竟要了儿子的命呢？老陈决定去英国讨个说法儿。因为孙女刚出生不久，儿媳正在老陈家坐月子，实在不能一同前往。一家人抱头痛哭之后决定，只能由老陈夫妇前去处理儿子的后事。

两位痛失爱子的老人，头一次出国，又不会外语，一路的艰难和不易可想而知。老陈夫妇心急如焚，不吃不喝，在医院停尸房的冰柜里见到了儿子。老两口几次昏死过去，悲恸欲绝。儿子是他们的希望和未来，是他们这辈子唯一的心灵寄托。一辈子省吃俭用的艰辛付出，留学五年难见一面的煎熬和揪心揪肺的惦念都化为泡影。好不容易培养出了这么优秀的儿子，老了老了竟落得个白发人送黑发人。这以后可怎么活啊！

儿子所在的公司毕竟是家大公司，对儿子后事处理非常到位，挑不出毛病。事发突然，体育活动现场有录像，医院有诊断，事后又做了尸检，死亡原因确实是儿子突发脑出血，一切抢救手段都用了，怪只怪儿子命薄。痛惜之余，老两口颤抖着，互相搀扶着，抱着儿子的骨灰回国。一路上，老伴儿不停埋怨老陈，不应该逼着儿子留在英国工作。上次儿子回国探望刚出生的孩子，就不想再回英国。凭儿子的学历和专业，在国内可以轻松找到一家大公司的好职位。而且，留在国内，还可以一边工作一边孝敬父母，并照看老婆孩子。由于老陈的坚持，儿子才又回到英国。对此，老陈非常后悔自责，当初觉得男人应当以事业为重，儿子好不容易留在英国的大公司工作，岂能轻易放弃。还差4年，儿子就能够申请英国永久居民，孙女从小就可以在英国受教育，多好呀！哪承想，这竟是一条不归路，这一去竟成了生离死别。

老陈痛心之余，开始反思哪儿出错了。老陈突然指责起儿媳，说都怪儿子娶了一个“丧门星”回家，就是这个“丧门星”害死了儿子。老两口从英国回来后对儿媳就没有好态度，天天唉声叹气，摔盆摔碗，沉浸在丧子之痛中，根本不顾儿媳丧夫之痛。平常一贯善良的老两口，怎么变得这么“无情”了？这话还得从一年前儿子博士毕业时说起。经过五年艰苦奋斗，陈晨终于拿到了博士学位。老两口都是工薪阶层中等收入，拿人民币换成英镑供儿子留学，非常难，这些年东拆西借地凑学费。陈晨是懂事的孩子，一边刻苦读书，一边利用业余时间偷偷打工，帮助父母减轻负担。读博士之后，有了一些补贴，加上打工的收入，基本不用家里寄钱了。陈晨为了省钱，也为了假期能多打工、多挣钱，他5年都没回过家。老两口盼星星盼月亮终于盼到儿子回家过年了，摆好一桌精心准备的晚饭，等着儿子回来。没想到，儿子并不是一个人回来，还带回来一个女朋友，说是给爸妈一个惊喜。老两口早就催着儿子可别光顾着学习，有合适的也谈个对象！可谁承想，老两口看着儿子带回来的女朋友是有惊无喜，一脸尴尬，似乎并不大高兴。这是怎么回事呢？

老两口毕竟一把年纪，见的人、经的事儿多了。一进门，第一眼就没看上儿子带回来的女朋友。这女朋友哪儿像个姑娘样儿，一看就是个中年妇女，一笑一脸褶子，这女的肯定比儿子大不少。儿子怎么带这么老的一个女人回家呢？

陈晨向父母介绍，女友叫徐梅，老两口硬着头皮寒暄了几句，别别扭扭地吃了顿晚饭。老陈向老伴儿使眼色，老伴儿心领神会，笑着说：“徐梅，今晚你要不走，就跟我一屋住吧，陈晨想跟他爸好好聊聊，毕竟5年没见面，有太多的话要说。”徐梅欣然答应。陈晨母亲问徐梅：“你也在英国留学吗？是我儿子的同学？还是早就毕业工作了？家住哪里？今年多大了？”徐梅说，她今年35岁，家在天津，以前有过一段婚姻，前夫脾气暴躁，动不动就打人，她是忍受不了家庭暴力才离婚。可是前夫不依不饶，经常骚扰，为了躲避前夫骚扰，才去英国读书。天哪！徐梅的回答让陈晨母亲直冒冷汗，敢情这个女的，不仅比儿子大6岁，还是个二婚，徐梅的经历也太复杂了。陈家可不能要这样的儿媳妇。于是，陈晨母亲立马把徐梅的情况，当着儿子的面就告诉了老陈。老陈一听就火了：儿子，这可不行，绝对不行，我坚决不同意。老伴儿也在一旁煽风点火：是啊！好不容易培养出来一个优秀儿子，怎么可能娶一个大6岁、二婚的中年妇女呢？老陈质问儿子，天下那么多漂亮、优秀的女孩你不找，为啥偏偏看上她？你俩是怎么认识的？是不是她勾引你的？你年轻又没谈过对象，谈恋爱没经验，肯定是被这个女的给骗了！

父母这种态度，陈晨也在意料之中，连忙向父母介绍两人的相识经过。两人是在去年圣诞节留学生聚会上认识的，非常谈得来，三观一致，十分难得。就在博士论文答辩前夕，陈晨生病了，感冒很重，就连爬起来吃饭的力气都没有。徐梅知道后，天天跑来照顾、送餐做饭，知冷知热的。独自漂泊异乡的陈晨，头一次被人照顾，觉得特别温暖，产生了爱慕之情，开始主动追求徐梅。徐梅当时并不同意，因为顾忌以前的经历，觉得自己配不上陈晨。陈晨认为，徐梅是圣诞老人送给他最好的礼物，所以特别珍惜。陈晨并不在乎徐梅的过去，也不在意她的年龄，就是想和她有个家，一辈子在一起。

老陈教训儿子：啥爱不爱的，那都是错觉，你那叫感动，不叫爱情。你一个人在外面留学没人照顾，人在生病的时候最脆弱，她这时来嘘寒问暖，你就被感动了，根本算不上爱情。好女孩多得是，你以后会后悔的。陈晨在父母的劝说下，动摇了。第二天便送走了徐梅，让她自己回家过年。徐梅从陈晨眼里看到了从没有过的冷漠。过完年，老两口十分放心地送儿子登上了去英国的飞机。老两口认为儿子前途一片光明，何愁找不到好媳妇，而且自信地认为，儿子肯定会和徐梅分手。可是几个月后，老两口接到了儿子打来的电话，说徐梅怀孕了，孩子是陈晨的。老两口听到这个消息，非常惊讶。怎么会这样，这女人还真把儿子缠上了，这是强迫儿子跟她结婚呀。徐梅怀孕是确定了，儿子这回口气很坚决，非徐梅不娶。如果家里不同意，他们就在英国举办婚礼。生米到底煮成了熟饭，老伴儿劝老陈想开点吧，毕竟肚子里的孩子是我们陈家的。看在孙子的面上，你就答应了吧。老陈在老伴儿的开导下，勉强同意了。婚礼倒是热热闹闹，只是所有参加婚礼的人，都觉得陈晨可惜了，真是“好汉无好妻，赖汉娶花枝”呀！所有人也都看出来了，这新娘不但岁数大，还怀了孕。

老两口硬着头皮接待亲朋好友、街坊邻里，吃好喝好。转眼儿子结婚三个多月了，突然接到儿子的电话，说他工作太忙，无法照顾媳妇生产。媳妇家里只有父亲，没有母亲，无人能照看，希望父母能帮一把。中国的父母，是养大自己的孩子，还得继续养孩子的孩子。好像所有的老人都觉得是天经地义的，一直忙到自己生命的终点。老陈夫妇也是如此，听到儿子的求助，自然而然地接受了，虽说他们不喜欢这个儿媳，但毕竟生的是陈家的后代。可是，儿媳并没有给陈家生出一个儿子，而是生了个胖丫头。老陈夫妇不大满意，但陈晨却是满心欢喜。不都说女儿是父亲前世没追到手的小情人吗，所以看着自己前世的“小情人”，陈晨再也不想回英国了，真想留下来天天看着女儿，陪着女儿长大。可惜，这个美好的愿望，被严厉的父亲一番更加美好的大道理给消灭了。也许是因为陈晨对女儿日思夜想的痛苦煎熬，也许是陈晨为了老婆孩子美好未来而加班加点地工作，没能好好休息，才会得病突发脑出血?!

儿子去世后，正是因为老两口对儿媳嫌弃抱怨的态度，让儿媳徐梅实在忍无可忍。她决定带孩子搬出陈家，独自带孩子到陈晨生前给她们买的新房子居住。这个决定让老陈夫妇措手不及。老陈让儿媳留下儿子的遗产，留下孙女。谁承想，儿子不在了，儿媳徐梅可不吃老陈这一套。抱着孩子说走就走，什么都没留下。儿子尸骨未寒，儿媳带着孙女离家，还带走了英国公司赔付的160万元人民币。儿媳把陈晨留下的所有遗产都带走了，将来老两口拿什么来养老呢？老两口真不知道如何是好。说起这房子，是陈晨回国结婚的时候，用徐梅的名义贷款买的，当时是老两口帮着交的首付，贷款都是儿子在还。如今老两口两手空空，儿媳就这么走了，就一了百了了吗？这房子毕竟有老两口的出资啊？老两口出的首付算是对儿子一方的赠与还是对夫妻双方的赠与呢？

法律链接>>>

● 子女婚前、婚后买房，父母出资行为如何认定？

《最高人民法院关于适用〈中华人民共和国婚姻法〉若干问题的解释（二）》第二十二条　当事人结婚前，父母为双方购置房屋出资的，该出资应当认定为对自己子女的个人赠与，但父母明确表示赠与双方的除外。

当事人结婚后，父母为双方购置房屋出资的，该出资应当认定为对夫妻双方的赠与，但父母明确表示赠与一方的除外。

根据上述规定，老两口出资的时间点很重要，本案中是在儿子结婚后出资且房产证登记在儿媳名下，没有明确表示赠与儿子一方的情况下，按法律规定应视为对夫妻双方的赠与。父母出的首付款赠与已经交付是要不回来了，这套房子性质上是儿子与儿媳的夫妻共同财产，儿子去世，儿子的份额应当作为遗产进行分割，不能就这么算了，将来徐梅要是再婚，这些老陈家的东西，都应该留下来。老陈一怒之下，告到法院。原本是刚刚失去亲人的一家人，应该互相理解、关心、安慰，现如今却反目成仇，告到法庭，不免让人感叹世事无常。可是，儿媳把钱、房都带走了，是否合理合法呢？老两口能否要回陈家的一切呢？这有待法院的判决。

老陈夫妇向法院提起遗产分割的诉讼，按照《继承法》的规定，陈晨已经去世，在没有留遗嘱的情况下，对于陈晨留下的遗产，应当按照法定继承进行分配。第一顺序是配偶、父母、子女，也就是说儿媳、老陈夫妇、孙女各占1/4。徐梅强调，房产是婚后买的夫妻共同财产，只有一半算是陈晨的遗产，而且还有贷款没有还清，徐梅提出要房子，她和女儿总得有个住处。英国公司赔付的160万元，将来用于抚养陈晨的女儿，也是天经地义的，因此不同意老两口的诉讼请求。老陈夫妇则认为，失去儿子已很痛心，他和老伴晚年的日子将更加艰难。当初，他们为供儿子留学结婚，花光了所有的积蓄，自己的养老也没有了着落。因此，他们也需要这笔钱来解决养老问题。

法律链接>>>

● <u>遗产的认定</u>

继承法第二十六条　夫妻在婚姻关系存续期间所得的共同所有的财产，除有约定的以外，如果分割遗产，应当先将共同所有的财产的一半分出为配偶所有，其余的为被继承人的遗产。遗产在家庭共有财产之中的，遗产分割时，应当先分出他人的财产。

法院经审理对上述遗产进行了依法分割，房子判归徐梅，折价补偿老陈夫妇120万元，再加上现金部分老陈夫妇总共分得200万元。老两口胜诉后，徐梅并没有按判决履行，她说自己孩子还小，暂时不能出去工作，陈晨留下的钱，还要用于抚养孩子。如果都给了公公婆婆，自己和孩子就等着饿死了。因此，老两口催要多次，徐梅以各种借口推脱就是不给。毕竟是一家人，老两口也不好逼得太紧。徐梅后来带孩子躲到娘家，也不见他们。时间过得很快，恍恍惚惚儿子去世已经快一年了。一天，老陈去遛弯儿时，有个街坊悄悄告诉他，你儿媳妇改嫁了。徐梅改嫁的消息既在老两口预料之中也在意料之外，毕竟儿媳才30多岁还年轻，只是没有想到这么快就改嫁了。看来这回得赶紧把儿子的遗产追回来不可，不然鸡飞蛋打，绝不能便宜了外人。一气之下，老两口向法院申请强制执行。强制执行期间，徐梅仍以各种理由拖延不履行判决，法官将她列入失信人名单。徐梅收到了法院发来的限制高消费令感到非常气愤。那什么是限制高消费令？它对失信人的生活会产生哪些影响呢？

限制高消费令，就是禁止被执行人实施高消费、禁止非生活和工作必需的相关消费行为。违反限制高消费令，经查证属实的，依照《民事诉讼法》的规定，予以拘留、罚款；情节严重，构成犯罪的，追究刑事责任。

法律链接>>>

● 限制高消费令适用对象及内容

《最高人民法院关于限制被执行人高消费及有关消费的若干规定》第一条

被执行人未按执行通知书指定的期间履行生效法律文书确定的给付义务的，人民法院可以采取限制消费措施，限制其高消费及非生活或者经营必需的有关消费。

纳入失信被执行人名单的被执行人，人民法院应当对其采取限制消费措施。

《最高人民法院关于限制被执行人高消费及有关消费的若干规定》第三条

被执行人为自然人的，被采取限制消费措施后，不得有以下高消费及非生活和工作必需的消费行为：

（一）乘坐交通工具时，选择飞机、列车软卧、轮船二等以上舱位；

（二）在星级以上宾馆、酒店、夜总会、高尔夫球场等场所进行高消费；

（三）购买不动产或者新建、扩建、高档装修房屋；

（四）租赁高档写字楼、宾馆、公寓等场所办公；

（五）购买非经营必需车辆；

（六）旅游、度假；

（七）子女就读高收费私立学校；

（八）支付高额保费购买保险理财产品；

（九）乘坐G字头动车组列车全部座位、其他动车组列车一等以上座位等其他非生活和工作必需的消费行为。

徐梅在女儿豆豆出生三个月后，就应聘到一家外资公司做了销售经理。她需要经常出差，不能坐飞机、高铁，简直就没法正常工作。因为这个限制高消费令，她恨透了“狠心”的公婆。

老陈还打听到，徐梅嫁的人也是二婚，还带着一个十来岁的男孩。老两口更加惦记、心疼孙女。小孙女豆豆是陈家唯一留下的血脉。这回徐梅改嫁了，继父还带着一个儿子，豆豆肯定得受欺负。想到这儿，老两口迫不及待地想要见到自己的孙女，甚至想把孙女接到自己身边，抚养成人。老陈的想法是挺好，他们能否顺利要回自己的孙女呢？别说要回孙女豆豆，就连每周看孙女一眼，徐梅都不答应，要想见到孙女看来比登天还难。豆豆是陈家的血脉，爷爷奶奶连看都不让看了？这徐梅真是无法无天了。老陈夫妇再次诉诸法律，但这一次，老两口能否打赢官司？

法庭上老陈夫妇说，他们非常想念孙女豆豆，徐梅再婚以后他们也非常担心孙女的处境，现在徐梅根本不让他们见孙女，是非常不人道的。豆豆虽然父亲去世了，但应当让孩子知道爷爷奶奶的存在。徐梅再婚精力会更多地投入新家庭，难免会减少对豆豆的关注，老两口愿意照顾孙女豆豆，至少每周能见到孙女也行，所以，诉至法院请求保障他们对孙女的探望权。

徐梅反驳说，陈晨去世的时候，豆豆尚在襁褓之中，对父亲的离去并不知情。现在正在努力让豆豆适应新组建的家庭，父爱的缺失也会得到弥补。而老陈夫妇的探望必然会给孩子幼小的心灵造成情感冲击，影响孩子健康成长，因此，坚决不同意老两口探望孙女的诉求，更别说带走抚养了。法庭上双方的交流很快变成彼此的指责和埋怨。

开完庭，法官开始做双方的调解工作，法官耐心地跟老两口解释，抚养权与探望权是两个不同的法律概念，父母享有对未成年子女的抚养权，现在儿子去世了，前儿媳徐梅当然享有孩子的抚养权，爷爷奶奶主张孙女的抚养权是没有法律依据的。老两口能不能定期看孙女，实现对孙女的探望权呢？根据我国婚姻法对探望权主体的规定，享有探望权的范围限定为“父或母”。虽然最高人民法院《第八次全国法院民事商事审判工作会议纪要》对此有所突破，赋予祖父母、外祖父母探望权，但仍然有个大前提是“父母已经死亡或者无力抚养”且“祖父母、外祖父母对孙子女、外孙子女尽了抚养义务”。本案中，虽然豆豆的父亲已经死亡，但豆豆的母亲徐梅尚在，且有能力抚养，老两口与孙女一年多没有见过面，没有尽抚养义务，并不符合上述规定。老两口听到这儿，感到像是被泼了一盆冷水，透心凉。好在承办法官一直在努力促成双方的和解，徐梅终于说出了她的顾虑和心结：老陈夫妇多次为遗产问题与她对簿公堂，严重影响她和女儿的正常生活，彼此的情分消耗殆尽。如今重新组建了家庭，她不愿意自己的生活再次被前公婆打乱。法官劝她说：“你有没有考虑过，对于两位老人而言，白发人送黑发人是不可逆转的悲剧，如果连孙女的血脉亲情都不能相认，对他们来说是多么残酷的事情。不要因为大人之间的矛盾而阻断孙女和爷爷奶奶相处！”

经过法官一番劝解后，徐梅希望老陈夫妇能拿出点诚意解决双方的纠纷。她说，一次性履行分割遗产的判决，经济上压力真的很大，希望老陈夫妇能够宽限些时间，分期支付。老陈夫妇也表示，如果徐梅同意他们定期探望孙女，他们可以考虑让步。双方就执行案件达成和解协议，约定徐梅可以分期支付判决中的款项。同时，老陈夫妇每月可以探望孙女一次，地点由双方商定。每周还可通过电话或视频联系一次，徐梅必须予以配合协助。双方当场加了微信好友，并约定先通过微信，让孙女与爷爷奶奶熟悉起来。

双方和解后的第一个周末，老两口精心准备了一大桌子饭菜，他们主动邀请徐梅带孙女豆豆回家，他们终于见到了朝思暮想的亲孙女。别看一年多没见面了，还真是血脉亲情，豆豆就像到了自己家一样，对爷爷奶奶一点儿不陌生，其乐融融。孙女是两位老人这辈子最后的盼头，哪怕每周通过视频看孙女一眼，这一个礼拜，他们都会过得很开心。

案件感言：父母出资为子女买房要有的法律思维>>>

房价居高不下，子女经济实力有限，父母给子女出资买房是非常普遍的事情。父母操劳一生，拿出所有积蓄，心里也有顾虑，毕竟年轻人离婚率持

续高企，万一小两口离婚或发生意外变故没能白头到老，那父母出的钱会不会落得个“人财两空”？在现实生活中，不少父母处于既怕伤了和气，又怕自己奋斗操劳前功尽弃的纠结之中，不知道如何处理更为妥当。在这里教您一些提前“排雷”、提前规划的方法：

第一，对于一方父母出全资给子女买房的，无论出资行为发生在婚前还是婚后，所有权登记在自己子女名下的，该出资可以认定为对自己子女的赠与，该不动产认定为出资方子女的个人财产。父母要留存全款出资的证据，产权证要始终在自己子女一方名下。

第二，婚前一方父母部分出资为子女买房，该出资应认定为对子女一方个人赠与；婚后一方父母部分出资为子女买房，小两口支付剩余款项，如没有另外约定，应认定为对夫妻双方的赠与。就像本案的情况在实践中很常见，小两口婚后，父母出首付款，小两口还贷，如不做另外约定将视为对小两口双方的赠与。怎么做特别约定呢？父母可与自己的子女到公证处做《单方赠与声明》，明确父母的出资是对子女一方的赠与，属于子女个人财产即可。这种方法不需要子女配偶的参与和配合，可以做到不伤和气，未雨绸缪。通过《夫妻财产约定》法律上没有障碍，但是谈钱容易伤感情，易引发家庭矛盾，要看彼此的接受程度而定。

第三，共同署名。父母就是房屋的共有人，确保自己享有房产相应的份额，这样一来可以防止子女擅自处分房产，将来万一子女离婚或早逝，父母的份额也不会被分割。

前两种方法可以将父母的出资锁定为自己子女的个人财产，避免子女婚变父母的出资被分割。如果出现本案中子女意外早逝的情况，除锁定出资为子女个人财产外，需要子女以立遗嘱的方式明确房产中自己享有的份额指定继承人，没有遗嘱只能按法定继承进行分配。为子女出资买房，是父母无私的爱，衷心希望每个家庭和睦幸福。为防止变故引发父母财产损失，事前规划也是必要的，参考以上方法有助于人们既不伤和气，又在发生变故的情况下维护自身利益。

车祸撞出案中案

关键词　代位继承继承权丧失

2018年1月25日深夜，张科下了班后像往常一样开车回家。在单位忙了一天，有些累了，正琢磨着回去好好睡个觉。突然，一辆摩托车从路边蹿出，张科顿时睡意全无，猛踩刹车，但还是避让不及。“咣”的一声巨响，骑摩托车的人被撞飞了，躺在地上一动不动。张科吓得浑身冒汗，心想这人不会不行了吧？

张科凑近一看，被撞的是名男子，30多岁，穿着一件黑色羽绒服，头上流着血。张科用手轻轻推了一下，被撞男子猛然醒来，挣扎着要站起来，但试了几次都失败了。张科赶紧把男子扶起来说：“师傅，您没事吧，我送您去医院。”男子摇了摇头，又摆了摆手，示意让张科走。张科过意不去，连忙道歉说：“师傅，实在对不住，检查费用算我的，我现在就开车带您去医院。”见张科没走，男子突然发火，一把推开张科说：“你这人有病吧，让你走就赶紧走！”张科感到奇怪，交通事故不都是被撞的人坚持去医院吗，这个人是怎么回事？主动送他去医院却被拒绝。张科哭笑不得，心想这人一定是被撞得脑子不清醒了，这肇事逃逸的事我可不干。于是，张科看被撞的男子动弹不得，不顾反对，硬是把他抱到车上，开车去了医院。

到了医院，被撞男子还是极不配合，闹着要离开医院。医生按了按男子的肋骨，大声说：“你这肋骨都断了，再挣扎骨头很可能就扎进肺里了，必须赶紧安排手术。你叫什么名字？”被撞男子还是不配合，并恳求医生：“大夫，我家里有急事，必须赶紧回去，您就帮我固定一下就行，不用做手术。”医生说：“那怎么能行，不进行治疗会有生命危险。”张科也劝说：“师傅，你要对自己的身体负责，你带没带身份证，我帮你办理住院手续。”被撞男子见走不了，转身对张科说：“我的包还在路边，包里有好几万块钱，你把包找回来，我就做手术。”医生见被撞男子还是不配合，只好让张科先去办住院手续。张科在缴费窗口排队缴费，突然护士跑过来说：“不好了，不好了，你带来的那个病人跑了。”张科吓了一跳，现在可是冬天啊，外面那么冷，又是深夜，这人伤这么重，为啥要跑呢？张科怕出事，立马拨打110报警电话。

警方接到报警后，听了张科的描述，觉得事情不大正常。男子受伤这么严重，不但拒绝治疗，还从医院偷偷跑了，这是为何？带着疑问，警方和张科去了车祸现场。现场被撞的摩托车还倒在路边，警方在摩托车旁，发现了被撞男子的手提包。打开一看，大家都吃了一惊，包里哪有什么现金，只有钳子、开锁模型，还有一把短刀。被撞的男子随身携带这些工具意欲何为？

警方立刻安排警力对男子展开搜捕。凌晨5点左右，在高速路旁发现一个已经昏迷的男子，经确认，正是被张科开车撞伤的那名男子。大家连忙将其送到医院治疗。查看被撞男子身份证，得知男子名叫孔四，曾因盗窃罪多次入狱。就在警方继续调查时，又接到一起报案，离孔四被撞地点不远的别墅区，发生盗窃案。失主是一位独居的老太太，老太太晚上外出期间，别墅里大量古玩工艺品被盗，失窃财物价值约500万元。巧合的是当晚盗窃惯犯孔四就在别墅区附近被车撞了，而且还随身携带了开锁工具，别墅被盗会不会与孔四有关呢？

在对孔四的伤势进行基本治疗后，警方对孔四展开了询问。询问中，孔四坚决否认盗窃了别墅。但对于为什么包里有开锁工具，被撞当天干什么去了，却支支吾吾地不予回答。警方向孔四展示了别墅被盗前几天周边的录像，录像显示一个30多岁的中年男子，戴着口罩和棒球帽，身高体型以及穿着都和孔四很像，在别墅周围徘徊，经常一转就是两三个小时。孔四看了录像后，坚定地认为录像里的人不是自己，是警察搞错了。

警方觉得孔四在撒谎，同时，孔四包里的短刀和一瓶安眠药引起了警方的注意。如果孔四实施盗窃，为什么还要带着安眠药呢？还有，这把刀也让警方充满疑惑。别墅的主人是一位80多岁的老太太，孔四踩点的时候一定知道。对付一个老人家，即使被发现了，也很容易逃脱。更何况从定罪量刑角度来看，携带凶器有可能会被定性为抢劫罪，而不是盗窃罪，抢劫罪要比普通的盗窃罪量刑重多了。如果仅仅是为了贪点小财进行盗窃，盗窃者一般不会携带凶器。并且，从孔四以往的案件卷宗来看，孔四虽然多次犯下盗窃罪行，但从没有携带过凶器。为何这次要携带凶器呢？难道他有其他目的？

警方将这些物证展示给孔四时，孔四仍旧否认别墅盗窃案是他所为。如果盗窃事实成立，根据财物被盗的价值，孔四可能被判处十年以上有期徒刑或者无期徒刑，并处罚金或者没收财产。孔四辩解：警察同志，案子真不是我做的，不信你们可以去查我的银行卡，查我的住处，我从没见过你们说的这些东西，再说我没什么文化，以前只偷现金、手机这类知道多少钱的东西。老太太丢的是古玩工艺品，这些东西真假难辨，我不会偷这些。经核实，警方确实没有在孔四家发现被盗的财物，孔四的银行账户也没有资金进账。难道真的冤枉了孔四？为了尽快破案，警方将在别墅被盗现场采集的鞋印、毛发、指纹等痕迹与孔四的进行比对，发现有很多痕迹都吻合，这些证据足以证明孔四确实进入了被盗别墅。警方认为，孔四没有说实话，为了查明孔四去别墅的真正目的，警方对相关证据又重新审查了一遍。警方调取了孔四的手机通话记录，很快发现，一个名叫李楠的人和孔四来往密切。特别是近一个月，每天两人要通话两三次，每次通话时间持续半个多小时。在两人来往的短信中，有一条短信内容谈及“事成之后，有10万元的报酬”，还有被盗别墅的地址，以及住户特征。是不是李楠雇用孔四作案？做什么事情会有10万元酬劳呢？

孔四抗拒心理很强，在确凿的证据面前依然不交代。警方决定从李楠这个人寻找突破口。通过对李楠邻居的走访，警方得到一个重要线索，李楠是被盗别墅主人李奶奶的亲孙子。李楠赌瘾很大，经常不回家。警方在附近一家棋牌室找到了李楠，将短信记录以及孔四的痕迹比对报告放在李楠面前。李楠否认这些短信是自己发的，说自己的手机总是随意放，有时赌场里其他人会拿去用。警方让其交代使用者，李楠说玩得正高兴，哪儿会注意到谁动了他的手机。警方说，这简单，看看监控录像就全清楚了。这下李楠慌了，李楠不像孔四，没有那么复杂的生活背景，也不像孔四有反侦察经验。几个回合下来，李楠决定向警方交代事实经过。

李楠现年 30 多岁，本来家境不错，书香门第。父亲是国内大学教授，奶奶出身官宦世家，后来去了美国搞科研。近些年奶奶由于身体原因才回到国内，被一所大学聘为名誉教授。李楠大学毕业后，也找了一份稳定工作。但是几年前，偶然的一次赌博经历，让他渐渐陷入泥潭。一开始只是周末聚会时和朋友玩玩，后来赌瘾越来越大。因经常缺勤，李楠被单位开除。很快，李楠把之前所有的积蓄都花光了。李楠父母看着孩子一步一步滑向深渊，真是恨铁不成钢，刚开始还经常劝他、骂他，到后来也只好听之任之。李楠也常常悔恨，觉得自己活得人不像人鬼不像鬼，几次都决定再也不去赌了。但几天不赌又控制不住，在家里发脾气摔东西。每次向父母借钱，都发誓是最后一次。李楠是家里三代单传，面对这么一根独苗，父母也只能一再妥协，但这样的日子没有维持多久。

2018 年冬天，李楠的父母意外出了车祸，双双去世。李楠短暂悲伤后，拿着继承来的钱去澳门豪赌了几把。面对澳门赌场的纸醉金迷，李楠不分昼夜地赌。很快，所有的钱都输光了。回到家后，见过“大世面”的李楠不愿再打小牌，一门心思想到澳门赌博，但是现在没有本钱。此时李楠想起了奶奶，为什么不去找奶奶要呢？李楠和奶奶并不亲近，李楠的奶奶以前在美国工作，和李楠一家联系不多，回国后也常常在全国各大院校讲课，只有逢年过节时一家人才聚到一起。李楠觉得奶奶肯定很有钱，家里摆的都是老物件，有很多古玩字画。李楠知道奶奶并不喜欢自己，自从知道自己打牌丢了工作后，每次见面，奶奶的眼神都是那么冷漠、疏离，对自己的生活很少问津。因此，父母在世时，李楠从没向奶奶要过钱。但现在父母去世了，李楠就是奶奶在世上的唯一亲人。去走走亲戚，总没错吧。

李楠抱着这个想法，带着礼物兴冲冲地去了奶奶家，老人把李楠让进了屋，一阵寒暄后，李楠说明了来意——借钱。没想到老人冷笑了一声，明确地说：我知道你一定又是借钱赌博，我是一分钱也不会给你的！李楠笑嘻嘻地说：我知道您不喜欢我打牌，但这年头谁没有个兴趣爱好。您借我点儿应急，等我手气好了，第一个就还您。老人摆了摆手说：你不用多说了，你父母为你伤透了心，你这样，以后也不要来了，我不想再看见你。李楠事先想到过可能借不到钱，但这么直截了当被奶奶拒绝还是让他很意外和恼怒。李楠站起来大闹了一通，奶奶依然没有给钱，李楠夺门而出，发誓再也不进奶奶家门。

离开奶奶家后，李楠并不甘心，对于嗜赌成性的人来说，油锅里的钱都敢往外拿，更何况是对一个年迈的独居老人？这天晚上，李楠喝醉了酒，赌到半夜手头的钱全输光了，急得抓耳挠腮，此时，又想到了独居的奶奶。李楠到奶奶家门口时已是凌晨五点，老人家还没起床，李楠就在屋外大声喊着奶奶的名字骂骂咧咧，把老人家从梦中吵醒。老人家一辈子过着体面的生活，哪儿在人前丢过这脸。奶奶指着李楠说：你看你还有个人样吗？你不配做我的孙子，从今往后我们断绝关系，我一分钱也没有，你也不用再来了。李楠听了这话，不以为然地说：哪儿能不来，我还得帮您养老送终，您百年之后，这大房子和里面的东西可都是我的。老人气得浑身发抖，说我死以后，你也不用来，这一屋子东西跟你半毛钱关系都没有。我要立遗嘱，把房子捐给国家也不会留给你。李楠一听这话，顿时清醒了：对啊，老人要是立个遗嘱可怎么办？这房子加上里面的东西，得价值千万。不行，不能让这快到手的鸭子飞了。李楠立马换了一副面孔，一改刚才撒泼打滚的劲儿，一个劲儿地向老人道歉，说昨天晚上酒喝多了，以后再也不胡闹了。

法律链接>>>

● 遗嘱与遗赠

继承法第五条　继承开始后，按照法定继承办理；有遗嘱的，按照遗嘱继承或者遗赠办理；有遗赠扶养协议的，按照协议办理。

继承法第十六条　公民可以依照本法规定立遗嘱处分个人财产，并可以指定遗嘱执行人。公民可以立遗嘱将个人财产指定由法定继承人的一人或者数人继承。公民可以立遗嘱将个人财产赠给国家、集体或者法定继承人以外的人。

从奶奶家出来后，李楠越想越害怕，要是老太太真写个遗嘱怎么办？看来自己不能坐等奶奶自然死亡。一个罪恶的念头浮上心头，老太太不是说两人断绝关系吗，干脆一不做二不休，将奶奶杀了，这样就可以名正言顺地代位继承奶奶的遗产。李楠觉得自己的主意十分好，但找谁办呢？杀人的事自己做不来，得找个人做。李楠想起在赌场碰见过的孔四。听说孔四开锁功夫一流，还因为盗窃罪进过监狱。他一定能神不知鬼不觉地进入别墅，别墅大，好藏身，老人家和其他人来往又不密切，也没什么太亲近的朋友和亲戚。到时候自己简单处理下后事，就说老人岁数大了，老死了，神不知鬼不觉，没人会质疑老人是不是自然死亡。想到这儿，李楠拨通了孔四的电话。

法律链接>>>

● 代位继承

继承法第十一条　被继承人的子女先于被继承人死亡的，由被继承人的子女的晚辈直系血亲代位继承。代位继承人一般只能继承他的父亲或者母亲有权继承的遗产份额。

此时的孔四正为出狱后没有工作发愁，一听李楠这儿有能来钱的事，二话没说就过来碰面。但等李楠把杀人夺财的想法和孔四一说，孔四又有些犹豫了。孔四说，这要是被抓住了，可是要判死刑的，和以前的小偷小摸不一样。李楠拍着胸脯说：不用担心，我都替你想好了。别墅有个侧门，连着储藏室，你从侧门进去，提前带着一瓶安眠药，把药全倒进奶奶的水杯，绝对没人发现。奶奶没有别的亲人了，死了以后肯定是我处理后事，到时候我就说是自然死亡，反正她也80多岁了，没人会发现。李楠见孔四有些心动，连忙补充：你帮了我这么大的忙，我不会亏待你的，先给你3万元，事成之后，等我拿到钱，再给你10万元。这些钱够你回老家做个小买卖。孔四还是有些担心，说老太太要是没有喝安眠药怎么办？李楠说，那就只能动粗了，你到时拿着刀，要是被发现了，也只能走这一步。孔四确实厌倦了每天东奔西跑的生活，最终被李楠说动。此后几天，李楠经常给孔四打电话，给他介绍老人家房子里的户型，老人的生活规律。孔四经过几天的踩点，发现老人每天下午三四点出门锻炼身体，五点左右回来。于是，孔四决定在老人出门时溜进别墅，伺机下手。如果李楠和孔四的计划能顺利实施，老人家必然难以幸免。但如今只是别墅被盗，老人并没有遇害，孔四也并没有得手，这又是怎么回事？

原来，当天孔四中午来到老人家的别墅附近，看到老人出门后，从李楠说的储藏室进入客厅，把安眠药放进老人喝的水杯中，立马退回储藏室。没想到等来等去，从下午等到晚上老人都没回来。外边的天黑了，孔四又饿又冷，他想安眠药也都下好了，等老人晚上回来喝了，第二天来收尸。为了第二天来省点事，孔四没有锁储藏室的门，用砖头把门挡住。孔四出来后正刮大风，天很冷，急急忙忙骑着摩托车往回走，没想到却被张科开车给撞了。被撞后，孔四害怕交警来了后会节外生枝，露出马脚，于是拒绝治疗并从医院逃跑，这也就有了案例开头那一幕。

孔四和李楠对于故意杀人的说法能够相互印证，但是两人都不承认偷了别墅内的古玩字画，这些古玩字画现在在哪儿？被盗财物初步估值在500万元左右，量刑最高是无期徒刑。是不是两人怕受到法律制裁故意说谎呢？还是孔四背着李楠偷走了别墅里的东西？就在警方紧锣密鼓地追查盗窃犯时，异地警方传来消息，别墅连环盗窃案的真凶落网了。

原来，这幢别墅早就被一个经常偷盗高档别墅的犯罪团伙盯上了。当天由于孔四图省事，没有锁上储藏室的门，深夜刮着大风，街上几乎没有人，这个盗窃团伙趁机下手。他们将古玩字画等财物洗劫一空。老人当天晚上去参加活动，很晚才回家，发现家里被盗，赶紧报警。警方赶到现场，发现了头发以及指纹等痕迹，在与资料库中的案犯痕迹进行比对后，很快就锁定了孔四。鉴于孔四是盗窃惯犯，警方这才对孔四发出了通缉令。与此同时，当晚盗窃别墅的窃贼逃回了河北。古玩字画价值不菲，怎么销赃，让盗贼犯了愁。他们派了一个人去古玩市场问价格，由于不熟悉行情再加上本来就做贼心虚，引起了古玩店老板的怀疑，偷偷报了警。最终盗贼被警方抓获。经过审讯，以及对赃物的仔细核查，异地警方很快就确认了这伙窃贼就是别墅案的盗窃犯，赃物得到全部追缴。至此，两个案件全部水落石出。至于孔四放了安眠药的那杯水，因为老人胃不好，喜欢喝热水不喝凉水，所以老人没喝就倒了，才幸免于难。

既然李奶奶没有被害，李楠与孔四也没有得手，他们的行为是否还要追究刑事责任呢？这里面涉及一个法律概念：犯罪未遂。犯罪未遂，按照我国《刑法》规定，是指已经着手实施犯罪，由于犯罪分子意志以外的原因而未得逞。本案中，孔四进入老人家中，在老人杯子里投放安眠药的行为已经属于着手实施犯罪，犯罪没有得逞是因为老人没喝那杯放了安眠药的水。也就是说，老人没有被害，不是孔四主动放弃犯罪，而是被动的，属于意志以外的原因未得逞。对于未遂犯，可以比照既遂犯从轻或者减轻处罚。最终，法院判处孔四有期徒刑三年，李楠有期徒刑五年。同时，根据我国《继承法》的规定，李楠作为继承人谋杀被继承人，丧失了作为继承人的资格。那伙盗窃李奶奶财物的团伙成员也被另案处理。

法律链接>>>

● 继承权的丧失

继承法第七条　继承人有下列行为之一的，丧失继承权：（一）故意杀害被继承人的；（二）为争夺遗产而杀害其他继承人的；（三）遗弃被继承人的，或者虐待被继承人情节严重的；（四）伪造、篡改或者销毁遗嘱，情节严重的。

李楠的奶奶知道亲孙子为了财产居然要谋杀自己，老泪纵横，老伴早就不在了，儿子儿媳也因为车祸去世，自己虽有万贯家财却举目无亲。老人决定将自己所有的财产捐给所任教的大学，这样也算是将自己的一生都奉献给了祖国。李楠作为老人家唯一的继承人，本可以做个孝顺的孩子，但却因为贪婪和堕落，他不但丧失了继承权，也丧失了亲情和自由。

案件感言：代位继承>>>

代位继承是法定继承的一种特殊情况，指被继承人的子女先于被继承人死亡的，由被继承人子女的晚辈直系血亲代替先死亡的长辈直系血亲继承被继承人遗产的一项法定继承制度。代位继承只适用于法定继承而不适用于遗嘱继承或遗赠。本案中如果奶奶生前没有立遗嘱，父亲先于奶奶去世则孙子可代位继承奶奶的遗产。如果奶奶立遗嘱，将遗产遗赠他人或曾经工作过的学校，孙子将无法代位继承。本案中，孙子存在故意杀害奶奶的行为，不论既遂还是未遂，都将丧失继承权。

亡命鱼塘

关键词　遗嘱的撤销变更保管

2017年夏天的清晨，某县城派出所接到报警电话，说县城东郊的鱼塘里漂着一具尸体，死者60岁左右，男性，身高一米七五左右，身穿格子衬衫。等警察赶到现场，周围已经围了很多人，警察疏散围观的群众，开始打捞尸体。死者是谁？为什么会死在鱼塘里？会不会是溺水身亡？死者衣着整齐，不像是过来游泳的，警察发现死者周围漂浮着很多大大小小的死鱼，这说明鱼塘里的水有问题，很可能水里有毒或者有人电鱼、炸鱼，否则不可能出现大量的死鱼。警方经过仔细勘查，在鱼塘里发现了一张电网。死者很可能落水触电而亡，不排除他杀的可能。死者的尸体被打捞上来，围观群众均称不认识他，不像本地人。那么，死者来自哪儿？为何会死在这个鱼塘呢？会不会与鱼塘主人有关呢？

鱼塘主人告诉警察，他一早发现死者就赶紧报了警，他不认识死者，更不可能用电网电鱼，谁都知道用电网电鱼是绝苗绝种的做法。现在鱼塘里的鱼全都死了，刚投进去的鱼苗也全完了，这回损失可大了，还不知道找谁赔偿呢！鱼塘主人还说，以前也有人到鱼塘来偷鱼，死者会不会因为偷鱼不成落水被电而死呢？不过，这电鱼网跟自己一点关系都没有，不清楚这电鱼网是从哪儿弄来的。正在警方勘查现场时，一位30多岁的女人披头散发冲进人群，扑在死者身上大哭起来，哭得非常伤心。警察将女子扶起后询问情况，这位女士说，她叫王红，死者是她的丈夫李大利，今年62岁。她们夫妻俩是去年刚从城里搬过来的，在附近买了套房子安家，住的地方离这个鱼塘不远。李大利还有个儿子叫李奇，住在城里。警方随后通知死者的儿子李奇来处理后事。李奇赶到后悲痛万分，说他父亲好好的怎么说没就没了呢？死得不明不白，这事肯定跟继母王红有关，恳请警方一定调查清楚。李奇为什么会怀疑王红呢？王红和李大利相差将近30岁，两人是怎么走到一起的呢？这还得从李奇大学毕业那年说起。

李奇大学毕业后到南方某大城市闯荡，找到了一份不错的工作，还认识了一个女朋友，两人相处很好，准备结婚。可是刚参加工作哪儿买得起房啊，李奇把打算买房结婚和实际困难跟父亲说了，刚刚退休不久的李大利也没有多少积蓄，但不能耽误孩子的婚姻大事，于是决定把自己住的房子卖了，给儿子买房。房子总共卖了38万元，李大利就把其中的20万元给儿子李奇交了首付，剩下的18万元悄悄存了个定期，留作养老钱。

李奇付了首付，买了房，成了家，立了业，想到父亲一个人退休在家，租房子住，也没人照顾，就想接父亲到城里和他们小夫妻一块儿生活。儿媳妇也是个通情达理的人，一商量就同意了。李大利就这样离开了老家，投奔儿子来了。人是来了，心却恋着老家，故土难离嘛。人生地不熟的南方大城市，好是好，就是没有朋友，很孤独。长此以往竟生了病，病得还不轻，浑身无力，卧床不起，需要人三餐照顾。儿子儿媳都忙，没办法只好请了个保姆照顾。这保姆也是北方人，虽说不是同乡，做的吃的喝的都很顺口，尤其是终于有个说话的人了。在保姆的精心照顾下，李大利身体恢复得很快，心情也开朗了。这个保姆就是王红，38岁，曾经有过一段不幸的婚姻。原来的丈夫好喝酒，喝醉了就打她，好不容易离了婚，前夫还老纠缠。为了躲避前夫的纠缠，王红一个人来到南方打工。王红向老李哭诉："我的命咋就这么苦呢？从小父母双亡，是我一个人拉扯弟弟长大的，弟弟还不学好，天天跟小混混们在一起，吃喝嫖赌，不务正业。尽管弟弟不争气，也得管啊，这世上我也就这么一个亲人了。"李大利很同情她的遭遇，也说起了自己的婚姻。李大利说，他和妻子的感情一直都挺好，可就在孩子15岁的时候，妻子突然得病去世了。这么多年，他全心全意为孩子，也就没有再婚。现在退休了，孩子也长大了，自己也老了。两个人越说越有共同语言，越觉得对方善良、美好。日久生情啊，两人就产生了感情，越来越分不开了。李大利鼓起勇气向王红求婚，提出共同生活的愿望，王红欣然接受。这时候，李大利的儿子和儿媳还不知道。

一转眼，李大利病好了，儿子李奇就提出来，保姆该辞了。这样一来，李大利不得不跟儿子摊牌，自己要跟王红结婚，去王红老家买个便宜点的房子养老。儿子刚开始很吃惊，这发展也太快了，雇了个临时保姆，还照顾出感情来了！儿子想了想，觉得父亲为自己付出了一切，也应该有个幸福的晚年，保姆王红倒也挺勤快的，最重要的是父亲高兴。因此，孝顺的小两口痛快地同意了父亲再婚。临走时，还大包小包地送了好多生活用品给父亲。

李大利和王红就这样结为夫妻，欢欢喜喜地回到了王红的老家过日子。李大利花10万元在当地买了一套两居室，决定让王红的弟弟王虎搬过来，和他们一起生活，方便王红照顾弟弟，了却王红的心愿，这让王红非常感动。王虎起初不同意姐姐嫁这个老头儿，比姐姐大24岁，又没多少钱。后来看姐夫对他们姐弟俩都很好，买了房，每月还有退休金，即使姐姐不干啥也能维持生活。自己缺钱管姐姐要，每次姐夫都会痛快地给，就慢慢接受了这个老姐夫。一家人相处得还不错。李大利考虑问题还是挺周到的，买房用的是自己的名字，还写了一份遗嘱给儿子寄去了，万一哪天自己走了，这个房子一半由儿子继承，另一半留给王红。他之所以这样写，是考虑到二婚，不知道以后会不会发生变故。李大利跟王红说过这事儿，王红并不在意，日子就这么幸福平静地过着。如今，李大利怎么会突然浮尸鱼塘呢？

李奇接到警方通知处理父亲后事的电话感到非常意外，觉得这里面一定有问题。正在李奇百思不得其解的时候，另一个意外发生了。原来，李奇和王红谈到处理父亲留下的遗产时，王红拿出一份遗嘱，说老家买的这套房子已经全部留给她了，还有8万元的存款也留给她了。这让李奇更加坚定地认为，王红是图财害命，是她害死了父亲，想独吞父亲的遗产。李奇跟王红大吵一架，然后报警，说王红害死了父亲并伪造遗嘱，自己手里的这份遗嘱才是真的，是父亲亲笔书写并邮寄过来的。李大利到底怎么死的还没弄明白，又闹出了两份遗嘱。这是怎么回事，哪份遗嘱才是真的呢？

警方委托鉴定机构对王红提交的遗嘱进行笔迹鉴定，鉴定结论确系李大利本人所写，也就是说并不是王红伪造的。那么，李大利为什么写了第一份遗嘱给儿子，又写了第二份遗嘱给王红呢？

据王红说，这份遗嘱是不久前李大利刚写给她的。李大利曾对她说，和她在一起的日子是一生中最幸福的一段时光，儿子儿媳也不缺钱，所以，李大利就把房子和8万块钱都留给了她。而且写遗嘱的时候，是当着她弟弟王虎的面，还有一个证明人谢斌在场，还签了字。对于王红的这番解释，李奇不相信，认为父亲不可能立新遗嘱之前不告诉自己，而且刚立完遗嘱就出事了，哪有那么巧的事？这不是谋财害命又是什么？

双方各执一词，警方不会轻信任何一方，重在调查取证，查清事实。警方通过调查发现，李大利出事的当天晚上，王红并没有在家住，王红去哪儿了呢？王红说，她回到老家后偶尔会打点零工，贴补家用，老李出事前几天，她通过熟人介绍，在医院陪护病人，每天早上回家休息半天，然后下午再去医院照顾病人，连着三天晚上都住在医院，医院的护士和病人家属都可以证实。王红说，她是第二天早上回家才发现老李不在家，四处寻找才来到了鱼塘，知道老李出事了。警方到医院去核实情况，的确如此。王红有不在场证据，不具备作案时间。可是警方并未放弃调查，警方打算找王红的弟弟王虎和遗嘱上的证明人谢斌调查此事。

王红却告诉警方，弟弟王虎去外地打工了，联系不上。警方找到了遗嘱上签字的证明人谢斌，谢斌平时跟王虎一块儿吃喝玩乐，关系密切。警方本来想找他核实一下李大利写第二份遗嘱那天的情况。谢斌却非常紧张，脸色煞白，主动招出了电鱼网是他的，是王虎管他借的，但没想到王虎用它电死了李大利。谢斌自从听说鱼塘电死人以后，一直非常害怕牵连到自己，因为在出事的前一天，王虎向他借走了电鱼网，他怀疑此事是王虎干的。他打电话给王虎，王虎关机，联系不上；到王虎家找人，却被告知王虎去外地打工了。谢斌根本不信，他太了解王虎了，王虎好吃懒做，怎么可能去外地打工？觉得一定是王虎害死姐夫，逃之夭夭。可是，这作案工具电鱼网毕竟是自己的，难不成自己要替王虎背黑锅？终日提心吊胆的谢斌，最怕警方查到他。结果，警方还是找上了家门。为了尽快与王虎划清界限，谢斌这才主动向警方说出电鱼网的来龙去脉及自己的合理怀疑。发生命案的当天晚上，他跟一帮小哥们儿打牌，不在犯罪现场。警方经核实，谢斌说的情况属实，也没有作案时间和动机。王虎借了电鱼网，命案发生后立马消失，手机关机。看来王虎的作案嫌疑最大。可是，王虎为什么要害他姐夫李大利呢？他又是怎么把姐夫骗到鱼塘，电死在鱼塘里呢？这些都得等到抓捕王虎后才能真相大白。

警方一边审问王红，寻找突破口，一边通缉抓捕王虎。王红仍旧坚持说只知道王虎外出打工，不知道具体去向，也不承认王虎与命案有关。王红很可能是知情人，但是不是合谋人还不能确定。两周后，警方在南方一个火车站抓到了王虎。经审问，王虎对犯罪事实供认不讳，姐夫李大利果真是他害的。可他为什么要害死姐夫，破坏姐姐的幸福呢？

事情还得从第二份遗嘱说起。王虎和谢斌平时就爱赌博，那天两人都输了钱，谢斌输得少，王虎输得多。王虎为了翻本，还当场借了10万元高利贷，结果都输掉了。两人出来后，坐在马路边上，想不出办法。放高利贷的可都是黑道上的人，临走时放下话，让王虎一个月内还钱，到时候还不上就送王虎见阎王。一个月到哪儿弄10万元钱啊？王虎这回发愁了。谢斌说，你姐夫不是有钱吗？找他借去。王虎的确没别的地方可以借钱，只好带谢斌到了姐姐家。那天，李大利心情很好，正跟王红说说笑笑地吃晚饭。见弟弟王虎和谢斌来了，就让他们坐下一起吃饭。

王虎心里压着事儿，闷闷不乐。王红就问他怎么了？谢斌在一旁说：

"想做买卖跟姐夫借钱，不好意思开口。"姐夫忙问："想做什么买卖？说说看。"王虎见谢斌这么说，就顺杆爬，随口编了一个理由，说是想和谢斌一起去承包鱼塘养鱼，还说养鱼特别赚钱，一年就能翻本，以后就是净赚。编得还挺像。没等姐夫开口，姐姐先说话了："你姐夫哪有钱，就那点退休金也就够吃口饭的。再说了你也不懂养鱼，踏踏实实可别瞎折腾了。"王虎不乐意了："怎么就瞎折腾了？只要你们肯借钱给我，我就一定能干好，再说了，还有谢斌帮忙呢。"姐夫李大利这一年也看明白了，这小舅子整天不务正业，还不知道拿钱干什么去呢。于是就说："想做点事是好事，我和你姐应该支持，只是我真没有那么多钱，我只有卖房子剩下的 8 万块钱，这钱不能动，打算将来跟你姐一起养老用。"

王虎一听姐夫有 8 万元家底，心里高兴，连忙说："您老说跟我姐养老，也不真心啊？你比我姐大 20 多岁，说句不好听的，哪天你先走了，能给我姐留下多少钱养老啊？"李大利一听这话，拍拍胸脯说："今天你和你的好朋友谢斌都在场，我现在就立份遗嘱，交给你姐姐保管。我把这套新房和 8 万元都留给你姐，我说到做到。反正我每月都有退休金，生活也有保障。"王红见李大利这么说，感动得眼泪都掉下来了。王红知道本来老李是把房子的一半留给她的，现在全都是自己的，而且还把 8 万元存款也留给自己。王红暗暗庆幸嫁对了人。王虎和谢斌听李大利这么说，对了一下眼色，谢斌说："好啊，好啊，我做证人，现在就写。"李大利拿出纸笔，当场就写了第二份遗嘱，谢斌还在上边签了字。这就是王红手中那份遗嘱的来历。姐夫既然这么够意思，王虎为什么还要杀他呢？王红对弟弟王虎杀人是否知情？

签完遗嘱，王虎和谢斌对李大利大加赞赏。但是，王虎欠下的高利贷还是没有解决。遗嘱立了没几天，王虎就想出了妙计。向谢斌借电鱼网，说带姐夫到鱼塘电鱼玩，趁机说服姐夫，把这 8 万元钱借给自己用。谢斌信以为真，就把电鱼网借给了王虎。其实，王虎借电鱼网并不是拿来玩的，是另有阴谋。第二天傍晚，王虎把电鱼网安放在鱼塘里，在姐夫经常散步的路上拦上绳子，在树林里等候姐夫过来。果然，姐夫李大利吃完晚饭，按习惯来到鱼塘边散步。当李大利沿着一向平坦的鱼塘边散步时，突然被绳子绊倒，一头栽进鱼塘里，被强大的电流击中，再也没能起来，就这样惨死在王虎精心设计的陷阱里。王虎为什么会下此毒手呢？

王虎说还是为了钱，李大利虽立了遗嘱，但人不死，姐姐拿不到钱，自己也就借不到钱。一个月很快就到了，还不上高利贷会没命的。姐夫绊倒的一刹那，王虎在心里默念："姐夫，你是个好人，对不起了，我不要你的命，别人就得要我的命。"作案后，王虎取下绑在树上的绳子回家了。那么，王红是否知道是弟弟害死了李大利呢？

据王虎讲，他回家后想拿钱逃命，四处翻也没翻到钱，就只好等姐姐从医院回来。早上7点多，姐姐从医院回到家中，发现老伴不在，就问王虎。王虎支支吾吾地说："姐夫走了，不会再回来了。"王红有种不祥的预感，赶紧追问："你姐夫去哪儿了？"王虎说："我姐夫不肯借钱给我，我借了高利贷，不还钱会没命的，所以我就动手了。姐，你快点把钱拿出来救我，再晚我就跑不了了。"王红生气地给了王虎一巴掌，王虎跪在地上求王红，看在姐弟的分上最后帮他一次。王红犹豫半天，最后还是拿出家里所有的钱给了弟弟，王虎出门前告诉姐姐，说姐夫掉鱼塘里死了。

案件至此真相大白，王虎犯故意杀人罪被判处死刑立即执行。王红明知弟弟是杀人凶手，还提供钱财帮助其逃匿，做假证，隐瞒真相，其行为已构成包庇罪。考虑到王红与弟弟王虎的近亲属关系，且确有悔罪表现，最终酌情判处有期徒刑一年缓刑三年。那么，王红能不能继承遗产呢？前后两份遗嘱哪个有效呢？

两份遗嘱都是被继承人李大利亲笔书写，属于自书遗嘱，按照《继承法》的规定，李大利有权变更遗嘱，虽然立了两份遗嘱，但以最后一份遗嘱为准。因为王红对弟弟谋杀丈夫李大利的行为不知情，更没有参与，没有损害被继承人和其他继承人的利益，故王红没有丧失继承权，有权继承丈夫李大利的遗产。但一段好姻缘就此葬送。

法律链接>>>

● 遗嘱的形式

继承法第十七条　公证遗嘱由遗嘱人经公证机关办理。

自书遗嘱由遗嘱人亲笔书写，签名，注明年、月、日。

代书遗嘱应当有两个以上见证人在场见证，由其中一人代书，注明年、月、日，并由代书人、其他见证人和遗嘱人签名。

以录音形式立的遗嘱，应当有两个以上见证人在场见证。

遗嘱人在危急情况下，可以立口头遗嘱。口头遗嘱应当有两个以上见证人在场见证。危急情况解除后，遗嘱人能够用书面或者录音形式立遗嘱的，所立的口头遗嘱无效。

法律链接>>>

● 遗嘱的撤销　变更

继承法第二十条　遗嘱人可以撤销、变更自己所立的遗嘱。

立有数份遗嘱，内容相抵触的，以最后的遗嘱为准。

自书、代书、录音、口头遗嘱，不得撤销、变更公证遗嘱。

法律链接>>>

● 继承权的丧失

继承法第七条　继承人有下列行为之一的，丧失继承权：

（一）故意杀害被继承人的；

（二）为争夺遗产而杀害其他继承人的；

（三）遗弃被继承人的，或者虐待被继承人情节严重的；

（四）伪造、篡改或者销毁遗嘱，情节严重的。

王红遇到李大利这样真心待她的人，是件幸福的事，两人本可以安安稳稳共度余生。可是，谁承想弟弟欠下赌债还不上，借钱不成，竟干出谋财害命的事，不但葬送了自己的一生，也毁了姐姐的未来。作为姐姐，应该懂得亲情也要有底线，弟弟杀了人，犯了法，就应当受到法律的制裁，不应当包庇弟弟。弟弟因故意杀人被判死刑，自己也因包庇罪被追究刑事责任。如果当时能理智地处理，劝弟弟主动投案自首，也许弟弟能保住性命，自己也就问心无愧了。当然，一切“如果”都没有意义了，生活没有彩排，做人要有底线。

案件感言：遗嘱的变更与撤销>>>

立遗嘱人的财产情况在变化、家庭成员也可能发生变化，立了遗嘱之后，只要头脑清醒，具有完全民事行为能力，可以随时变更、撤销所立遗嘱。根据继承法及最高人民法院的司法解释，撤销或变更遗嘱有以下几种方法：

（1）遗嘱人另立遗嘱并在新的遗嘱中声明撤销或变更原来所立的遗嘱。

（2）遗嘱人直接将所立的遗嘱销毁。

（3）遗嘱人可以通过自己与遗嘱内容相抵触的行为，变更、撤销原来所立的遗嘱。如最高人民法院司法解释规定：“遗嘱人生前的行为与遗嘱的意思表示相反，而使遗嘱处分的财产在继承开始前灭失，部分灭失或所有权发生转移，部分转移的，遗嘱视为被撤销或部分被撤销。”

（4）遗嘱人前后立了几个遗嘱，虽然在后面的遗嘱中并未明确宣布前面的遗嘱被撤销或予以变更，但如果前后遗嘱的内容矛盾，则应当以后面的遗嘱为准，前面所立的遗嘱视为被撤销或被变更，但不相抵触的部分继续有效。目前根据最高人民法院的司法解释，遗嘱人以不同形式立有数份内容相抵触的遗嘱的，其中有公证遗嘱的，以最后所立公证遗嘱为准。没有公证遗嘱的，以最后所立的遗嘱为准。

遗嘱是一份在未来实施的财产传承规划书和伦理亲情告白书，不宜过早公开，可以告诉继承人有遗嘱及遗嘱的存放地点，但不宜提前公开遗嘱的具体内容，这样便于立遗嘱人随情况的变化而调整，避免不必要的家庭纠纷，在人生最后的一段时间更要掌握主动权，看表现和实际情况而定遗产的走向。

真假“儿子”

关键词　继承权放弃　口头遗嘱

2016年盛夏的一天，杨鹏像往常一样睡到了自然醒，准备找几个哥们儿打牌。谁承想，刚出家门没多远就下起了暴雨，杨鹏就近跑到旁边的房屋中介公司避雨，房屋中介的经纪人金小姐还挺热情，主动给他倒了杯水，聊了起来。杨鹏一看小区的房价最近又涨了，跟金小姐吹嘘说，自己在这小区里有两套房，后半辈子就指着这两套房了。话音刚落，杨鹏直勾勾地盯着橱窗上贴着的售楼广告，吃惊地说：“这怎么回事？这不是我的房子吗？谁给登上去的？有没有搞错？”中介金小姐疑惑地看着他说：“我们挂出来的广告，都是走的正规程序，如果真是你的房子别人也卖不了呀。”这到底是怎么回事呢？杨鹏在中介公司发飙，气势汹汹地说：“赶紧给我把广告撤下来，给我查清楚谁在卖我的房子！”中介公司的金小姐也头一次遇到这种情况，赶紧调出了《存量房出售居间代理委托协议》，杨鹏一看协议更震惊了，竟然是父亲签的字？难道父亲要卖房？杨鹏质问中介，这房子是我的，我爸一个人签字没用，你们没有经过我的授权凭什么卖房？中介解释说：“几天前，一位老人拿着崭新的房本来卖房，我们看了房产证也现场验了房，老人还说越快卖越好，他急需用钱，价钱还可以商量。我们觉得没问题就把广告挂出来了，你说是你的房子，你有什么凭据吗？”

杨鹏一时拿不出凭据，一口咬定房子就是他的，跟中介说：“这房子是我妈的名字，我妈已经去世了，我妈的遗产我有权继承，我爸将来去世了这房子就全是我的。难道我说得有错吗？”中介看杨鹏摆出了一副不把售楼广告撤下来誓不罢休的架势，只好把房产证复印件找出来展示给杨鹏看：你看，这房产证上明明写着你爸的名字，你爸当然有权委托我们卖房了。

杨鹏说：我不可能搞错，房产证原件我手里有，你等会儿，我现在回去取。几分钟后杨鹏也拿来了在售房屋的房产证，上面确实写的是杨鹏母亲的名字，这就奇怪了？一套房子怎么有两份房产证？哪个是真的？登记在父亲名下的房产证是不是伪造的呢？看来这事很蹊跷，必须找父亲杨荣盛问个究竟？杨鹏跑到父亲的住处，家里没有人，父亲去哪儿了？杨鹏拿起手机拨打父亲的电话，电话是通的，但是打了几次都没人接。事不宜迟，杨鹏带上原来登记在母亲名下的房本，跑到房管部门问个究竟。查询的结果出乎杨鹏的意料，父亲在一周前办理了产权过户，递交给房管部门办理过户的依据竟然是一份法院盖章的民事调解书。从调解书内容上看，父亲跟儿子就这套房子达成调解协议，儿子放弃继承，房子全归父亲。杨鹏看了以后冷笑道：这简直是笑话？这调解书肯定是假的，我爸就我这么一个儿子，我根本不知道这事，太荒唐了，我怎么可能放弃继承？后半辈子我还指着这房子呢！房管部门的答复是，你父亲提供给我们变更过户的调解书是法院出具的原件，其他的相关材料也符合过户条件，因此，我们正常办理过户，至于这个调解书怎么来的，就不清楚了。

杨鹏记下了调解书上法院和法官的名字后准备去问个究竟。在去法院之前杨鹏先咨询了律师，他想不明白，父亲在他不知情的情况下，怎么可能拿到法院的调解书呢？律师告诉他，从调解书的原、被告来看，是父亲起诉儿子，继承案件立案需要基本的证明材料，包括身份关系和遗产情况的相关证明，法院调解一定是双方自愿，双方都到法庭才可能进行调解，从调解书内容上看是儿子一方在法庭上表示放弃继承，所以，儿子的份额全归了父亲。杨鹏更觉奇怪，我根本没有收到法院的开庭通知，更没有参加调解，哪来的调解书？放弃继承又是怎么回事？

法律链接>>>

● 放弃继承

继承法第二十五条　继承开始后，继承人放弃继承的，应当在遗产处理前，作出放弃继承的表示。没有表示的，视为接受继承。

受遗赠人应当在知道受遗赠后两个月内，作出接受或者放弃受遗赠的表示。到期没有表示的，视为放弃受遗赠。

杨鹏带着一连串疑问来到了法院，他要查个究竟。费了一番周折后找到了承办法官，说明自己的情况。承办法官处理了大量案件，很少出现这种情况，查阅了案件卷宗，当时确实是父子俩一起来办的调解手续，手续是完备的，没有问题。如果真的是有人欺骗法官冒名顶替，那这问题就严重了。法官调取了案件的庭审录像，当时儿子一方明明出庭了，递交的户口本、身份证都对，出庭的小伙子看上去年龄也相符。杨鹏仔细一看，身份证上的照片不是自己的，其他信息是一致的，说明这个身份证是伪造的。杨鹏很确定地跟法官说：出庭的肯定不是他本人，他才是杨荣盛的亲儿子，他是被别人给冒充了。可是，庭审当天，父亲与假杨鹏就遗产问题达成调解协议，法院依法做出民事调解书并已经发生法律效力。主审法官了解情况后意识到问题的严重性立即上报，法院启动审判监督程序开始复查。那么，杨鹏的父亲为什么要这么做呢？父子之间又有着怎样的矛盾？

在杨鹏的眼里，从小父亲就看不上自己，嫌自己没出息。学习不好，考不上大学，凑合读了个技校。工作不好找，不能吃苦，好吃懒做。父亲对他从小非打即骂，要不是母亲护着，说不定小命不保。当然，杨鹏从小也不服父亲的管教，后来长大了父亲不敢再动手，因为杨鹏开始还手了，动起手来还说不定谁吃亏。母亲在家里是个老好人，在父子之间经常“和稀泥”，父亲过于严厉，导致父子关系疏远，彼此的沟通越来越少。母亲临终前，最放心不下的就是杨鹏，都快 30 岁了，没有稳定的工作，也没有对象。老两口一辈子就攒下两套房子，其中一套是母亲单位的福利分房，也就是现在被父亲产权更名的两居室，另外一套是同一小区的一居室，是老两口用多年的积蓄买的，母亲考虑到将来儿子娶媳妇，得分开过，说服父亲买的。母亲去世前做通了父亲的工作，把一居室过户到儿子名下，临终时说：两居室要等到父亲百年之后才能过户到儿子名下，前提是儿子必须好好孝顺父亲。所以，杨鹏以为将来父亲走了以后，两居室没别人继承，当然是自己的，哪承想父亲会背着他找个假儿子把房子给过户了，而且还挂在房屋中介那儿出售，看来父亲是另有打算。父亲杨荣盛为何要这样做？母亲去世后父子俩的生活又发生了怎样的变化？

原来，杨鹏在母亲去世不久就搬到一居室享受自己的自由世界了。杨荣盛也退休了，有大把的时间，老伴却去世了，杨鹏不愿意跟父亲聊天，两句话没说完就得吵起来。井水不犯河水，杨鹏只有在手头紧的时候找父亲要点生活费，父亲唠叨几句还是会给的，这样的关系杨鹏挺满意。可是，一个女人的出现打破了父子俩的平衡。有一天，他去父亲家，撞见了一个女人在家里和父亲一起吃饭，进屋前还听到两人有说有笑。杨鹏的闯入使得气氛有些尴尬，父亲介绍说这是王阿姨，在楼下饭店帮厨，今儿难得有空来家里坐坐。从父亲尴尬的表情，杨鹏顿时感觉两个人关系不一般，杨鹏假装拿东西，拿完东西就离开了。打那之后，杨鹏发现父亲经常光顾小区旁边的那家饭店，没多久，小区的大妈们也开始风言风语，说经常看见父亲和这位姓王的女人在小区里遛弯。杨鹏没想到母亲去世不到半年，父亲就有了新欢，女的一看就比父亲小十几岁，肯定没安好心，说不定就是冲着父亲的退休金和房子来的。杨鹏开始担心起来，暗地里请教律师，母亲的遗言还管用吗？母亲名下的两居室是自己的吗？

律师的答复让他更加紧张，律师告诉他，这套房产是婚后母亲单位的福利分房，尽管登记在母亲一方名下但法律上属于夫妻共同财产，也就意味着母亲只有50%的份额，也只有权处分自己的份额。对于口头遗嘱的效力问题，按照继承法的规定，遗嘱人在危急情况下可以立口头遗嘱，口头遗嘱应当有两个以上见证人在场见证。危急情况解除后，遗嘱人能够用书面或者录音形式立遗嘱的，所立的口头遗嘱无效。那么，杨鹏母亲的身体状况当时是否处在危急情况尚不确定，最重要的是当时没有见证人在场，因此，初步判断口头遗嘱无效，母亲名下的50%份额只能按法定继承进行分配，第一顺序是配偶、父母、子女，目前法定继承人只有你和你父亲，平均继承，你享有这套两居室1/4的份额。你父亲的部分当然有权利自行处分，如果以后再婚的话，再婚妻子对你父亲的遗产也享有继承权。这话说到了杨鹏的痛处，父亲还真有可能最后不把财产分给自己，怎么办？得想法子把房子拿到手，一连几天杨鹏夜不能寐，怎么才能让父亲把房子过户到自己名下呢？杨鹏决定去父亲那儿看个究竟，弄明白父亲和那个女人究竟发展到什么程度了。

法律链接>>>

● 口头遗嘱

继承法第十七条（节选）　遗嘱人在危急情况下，可以立口头遗嘱。口头遗嘱应当有两个以上见证人在场见证。危急情况解除后，遗嘱人能够用书面或者录音形式立遗嘱的，所立的口头遗嘱无效。

继承法第十八条　下列人员不能作为遗嘱见证人：

（一）无行为能力人、限制行为能力人；

（二）继承人、受遗赠人；

（三）与继承人、受遗赠人有利害关系的人。

第二天一大早，杨鹏就匆匆忙忙赶往父亲家，发现父亲一个人在家。可是，在房里转了几圈，猛然看到阳台上竟然挂着女人的内衣，他质问父亲这是怎么回事？父亲当时脸“唰”一下就红了，尴尬地说：我打算娶你王阿姨进门，你妈半身不遂两年多，我一直照顾到最后，我也算对得起她了。这个王阿姨比我小十多岁，虽然没什么文化，但人好，身体好，我需要有个伴照顾。杨鹏当时就说：我就一个妈，我很明确地告诉你，我不会接受这个什么王阿姨。另外，如果你再婚，再婚前把房子过户给我，我妈去世前交代了，这个房子是我的，说完摔门就走。

愤怒的杨鹏回到自己的房子里，越想心里越不踏实，决定先下手为强。于是，杨鹏隔三岔五就来催父亲把房子过户给自己，一次比一次催得紧，搞得老杨根本无法过安宁的日子。老杨觉得儿子太贪心了，老伴儿去世前已经将一居室过户了，现在还想把这套两居室也过户。老了老了总也要有个住处，要是把房子过户给儿子，那再婚后儿子肯定会把自己轰出家门。老杨的担心也不是没有道理，就在几天后，父子俩发生了激烈冲突。这天晚上，杨鹏喝了酒，再次来到父亲家，发现父亲换了门锁，非常生气，猛敲房门，惊动了左邻右舍，最终父亲开门，杨鹏发现王阿姨正好在屋里，便破口大骂：你给我滚出去，这是我妈的房子，只要我在一天，你就别想进这个家门。这位王阿姨被羞臊得无地自容，转身逃离了父亲的住处。父子俩大打出手，邻居报了警，才把父子俩拉开。父子关系彻底决裂，从此断绝来往，谁也不理谁。直到一个月后杨鹏发现父亲在中介卖房，回家找父亲算账，竟然找不见人了。父亲跑哪去了呢？杨鹏不得而知。

杨鹏找到主审法官后，这个案件由审判监督庭复查。经鉴定，原审中，杨荣盛伪造杨鹏的身份证，找人冒充杨鹏出庭应诉，并出具虚假证明。据此，法院审判委员会做出再审决定，并将案件线索移送公安机关。警方通过调查发现，杨荣盛去了女友王雪梅的老家，河北某县城。2016 年 10 月 20 日杨荣盛被刑事拘留，老杨万万没有想到，因为房子的事竟然犯了罪。老杨被刑事拘留后非常后悔，他也没有意识到问题会这么严重。老杨跟警察交代说：儿子不孝，知道自己打算找个老伴，就逼着自己把房子过户。儿子还经常到家里来闹，实在经不起儿子折腾，才想把房子卖了，远走高飞，过几天安生日子。卖房时，老杨曾问过楼下的中介，中介告诉他：这房子在您去世的老伴名下，没法卖，必须得过户到您名下，您才有权利卖。过户就得您儿子配合，双方可以到法院出一个调解书，儿子放弃继承就可以全部归您了。可是，老杨心里明白，儿子是不可能放弃继承的，他还想独吞这房子呢。事情就卡到这了，当时心情无比郁闷，死的心都有了。老杨憧憬的晚年生活眼看就成了泡影，老杨舍不得这段来之不易的感情。

老伴去世后，老杨一个人懒得做饭，就经常到楼下的小饭店吃口饭，喝点酒，时间长了，和饭店里的帮厨王雪梅就熟了，每次去都家长里短地聊一会儿。一来二去，两人就熟了起来，时常把王雪梅约到家里。对于这段黄昏恋，老杨是认真的，也格外珍惜，想娶进门共度晚年，可儿子坚决反对，深更半夜来捣乱，把人家给气跑了。儿子不但把王雪梅轰出家门，还去饭店找人家麻烦，搞得王雪梅丢了饭碗，回老家去了。老杨越想越觉得亏欠王雪梅，就跟饭店的人打听王雪梅的家庭地址，找到王雪梅后，老杨保证不管儿子是否反对，都要娶王雪梅为妻，退休金不多，但也够维持生活，不打算回去了，跟王雪梅在县城过日子，开始新的生活。王雪梅有一个儿子，叫何全，很孝顺，在县城当保安，五年前丈夫因病去世后，母子俩相依为命。何全得知母亲再婚，大喜，专门请假回家庆祝。

老杨感慨，都是儿子，人家这儿子多孝顺，自己却被儿子逼得有家不能回，有房不敢住，老杨老泪纵横，悲喜交加。老杨发现何全跟自己的儿子年龄相仿，身高也差不多，长得还有点像。他一拍桌子说有办法了，让何全明天陪他进城，就什么都有了，王雪梅娘儿俩还真不知道这老杨葫芦里卖的是什么药。老杨对何全说，你就是我儿子，不是亲儿子胜似亲儿子，你帮我个忙，儿子不配合过户城里的房子，我问好了，你陪我去趟法院，假装我儿子，在法庭上放弃继承，法院出调解书就可以把房子过户到我的名下，这房子就能卖了。我那儿子不懂事，贪心，他认为什么都是他的。房子卖了以后，我在这边买个楼房和你妈安度晚年。何全是个非常朴实的农村孩子，觉得母亲再婚了，继父就是父亲，只要母亲幸福，他愿意帮忙。老杨找好了人选，可是儿子身份证上的照片仔细看和何全还是有差距，所以向何全要了个证件照片，做了个假的身份证。老杨这才到法院立案，向立案法官说，我们父子没矛盾，就是想把房子过户到我名下，房产放在去世的老伴名下也不是个事儿，我们已经商量好了，儿子放弃继承，把房子过户到我名下。立案法官看是父子俩来的，手续材料齐备，双方也没有争议，当天就快速办理了。老杨沾沾自喜，欺骗了法官，老杨拿到法院调解书去房管部门顺利办理了过户手续。过完户就拿到中介卖房，跟中介交代越快卖越好，想神不知鬼不觉地把房卖了，然后远走高飞，让儿子找不到他。所以，儿子给他打电话，他也不接，因为没法沟通，接电话就是吵架，这些年，他已经吵累了。被刑拘后，老杨才知道问题的严重性，检察机关以涉嫌虚假诉讼罪向法院提起公诉。

法院庭审中，老杨辩称，因为儿子百般干涉他再婚，贪得无厌，他才找继子冒名顶替，而且他不认为侵犯了儿子的权益，因为老伴活着的时候，一居室是夫妻共同财产，他和老伴一起把那套一居室过户给儿子了，所以，儿子已经得了一套房并不吃亏，这套两居室给自己安享晚年理所当然。自己处理的是家务事，不具有社会危险性，因此不构成犯罪。法官向老杨释明：杨鹏母亲生前留的一居室是赠与，过户已经完成，自愿赠与的一居室就归您儿子所有；这套两居室 50% 属于您老伴遗产，老伴没有有效遗嘱的情况下，两居室有您儿子 1/4 份额，你完全可以通过继承诉讼来分割房产，没有必要铤而走险去找人冒名顶替。虽然是你们的家务事，但是您为了把房产过户到自己名下，伪造儿子身份证，并找人冒充，侵犯了儿子的合法继承权，并造成司法资源的浪费，构成虚假诉讼罪。老杨认识到了自己的错误，流下了悔恨的眼泪。儿子杨鹏也很后悔，他并不想把父亲送进监狱，对父亲的行为表示谅解，恳求法官从宽处理。法院综合考量，最终判决被告人杨荣盛犯虚假诉讼罪，判处有期徒刑 9 个月，并处罚金 5000 元。原审法院对于通过虚假诉讼取得的民事调解书予以撤销。房子恢复到调解之前的权利状态，由父子两人共有，其中父亲占 3/4 的份额，儿子占 1/4 的份额。

法律链接>>>

● 遗产的认定

继承法第二十六条　夫妻在婚姻关系存续期间所得的共同所有的财产，除有约定的以外，如果分割遗产，应当先将共同所有的财产的一半分出为配偶所有，其余的为被继承人的遗产。

遗产在家庭共有财产之中的，遗产分割时，应当先分出他人的财产。

父亲被判刑后，儿子杨鹏去看望他，非常自责，答应父亲出狱后继续住这套房子颐养天年，以后不再打扰父亲的生活。父亲也许诺，自己百年后房子由儿子继承。案子到这儿就结束了，父亲简单粗暴的教育换来的是反抗、敌对，互相伤害，破罐破摔只能激化矛盾。父亲铤而走险触犯法律，不但没有得到幸福反而被送进了监狱。儿子不求上进、自私自利只顾自己，父母的财产理所当然认为都是自己的，这种“啃老”的想法混淆了情分和本分，父母将遗产全部给子女是情分，不给是本分，做子女的应当尊重父母的选择。

案件感言：老年人再婚需提前对财产进行处理规划>>>

老年人再婚，受我国法律保护。老年人权益保障法第二十一条规定，老年人的婚姻自由受法律保护。子女或者其他亲属不得干涉老年人离婚、再婚及婚后的生活。老年人再婚，相互扶助安度晚年，既能满足自己的精神需求，也能减少儿女的负担，原本是两全其美的事情，但生活中往往会遭到子女的反对，财产分配问题成为“黄昏恋”的拦路虎。要避免新配偶和子女产生财产纠纷，可以再婚前做一些沟通和规划，可以通过夫妻财产约定的方式，书面形式约定各自财产的归属，既要保障再婚后的生活质量，又要给子女吃“定心丸”。对个人名下财产可提前安排：房产、股权通过遗嘱指定继承人，资金可以通过保险、家族信托等金融工具指定受益人，实现身后的定向传承。

死亡赔偿金该归谁

关键词　死亡赔偿金　近亲属　抚养关系

2018年春节前夕，常年在外打工的李飞带着老婆和刚满月的儿子高高兴兴地回老家看望母亲李爱英。快过年了，李飞为母亲买了很多新年礼物，特别期待过个团圆年。可是，李飞到家后才得知母亲一个礼拜前已经去世了，继父赵元没有通知他就安葬了母亲。眼前发生的一切，恍如隔世，李飞特别悲伤，也特别气愤。一周前，李飞还给母亲打电话，商量一家三口回家过年的事，母亲在电话里有说有笑，并没有生病的迹象，还说今年要多准备些年货，怎么突然就去世了呢？母亲是怎么去世的？这么大的事，继父竟然没有通知他，这也太过分了！继父为什么要隐瞒呢？

这次李飞回家过年，继父和同母异父的弟弟并不欢迎他，像往常一样表现得很冷淡。吃午饭时，李飞主动问起母亲去世的事，继父半天才回应，说入土为安，不要再提，然后像啥事没发生一样，继续闷头吃饭。李飞想继续问下去，谁知继父不耐烦地放下碗筷，离开了饭桌。此时，李飞老婆提醒道：为什么不给外公打个电话呢？这事儿外公应该清楚。李飞觉得有道理，连忙打电话给70多岁的外公李松，哪知道外公和自己一样困惑。继父的躲躲闪闪让李飞觉得母亲的突然去世越来越不对劲，这里面肯定有文章。

李飞决定以继父为突破口，查个水落石出。通过暗中跟踪，李飞发现这两天继父和一个戴着鸭舌帽的50多岁的男子来往密切。两人在一家饭馆见面，却没有消费，好像在谈事情，双方看上去情绪都比较激动。前段时间，李飞曾经听母亲在电话里抱怨，说临近年关，经常有人上门向继父讨要赌债，搞得家里鸡犬不宁。这个戴鸭舌帽的男子是不是也是来讨债的？母亲的死又是否与他有关？

李飞再次找到继父，问那个戴鸭舌帽的50多岁男子是谁？与继父是什么关系？没想到继父立马发火了："你妈的事，我都处理完了。家里的事，以后你少管！"听继父这么说，李飞特别气愤，大声说："我妈不到60岁，就不明不白地没了，我是她的儿子，我有权知道她是怎么去世的！这事儿我不但要管，而且要管到底！"继父站起身来，用手指着李飞说："你这话什么意思？难不成是我害死了你妈？你妈已经走了，我和你本身就没有血缘关系，你该去哪儿去哪儿，别在这儿气我！"李飞大过年的被继父赶出了家门，带着老婆、孩子在附近找了个旅馆居住。李飞越想越气愤，觉得继父一定有事隐瞒。于是，开始向街坊邻居打听消息，街坊们说只知道李飞母亲是在镇上遭遇了车祸，至于肇事司机是谁、车祸怎么发生的，一概不知。

不管怎么样，事情总算有些眉目了。交通肇事出人命不是小事，警察肯定会介入，李飞决定去镇上派出所问问。经过一番周折，李飞找到了当时处理这起交通事故的警察。警察说，肇事司机是一个叫徐志强的年轻小伙，经过路口时没有减速，撞上了李爱英女士，当时撞得很严重，颅脑受伤，经抢救无效死亡。当时肇事司机惊慌失措，主动拨打了110和120救助电话。肇事司机态度挺好，认罪认罚，并愿意积极赔偿损失。按照《关于审理交通肇事刑事案件具体应用法律若干问题的解释》规定，交通肇事死亡一人负事故全部责任的，处三年以下有期徒刑或者拘役。如果能够取得死者家属的谅解，并且交通肇事后没有逃逸或其他特别恶劣情节的，可以争取缓刑。所以，事故发生后，肇事司机家属一直主动找被害人的丈夫协商，争取达成赔偿协议，取得被害人家属的谅解。目前案件已经转到检察院审查起诉。

李飞了解到事情的全部情况后，与肇事方取得了联系，接电话的是肇事司机的父亲徐斌。李飞在电话里表明了自己的身份，要求见面。徐斌非常惊讶，起初以为是诈骗的。因为被害人的丈夫说只有一个儿子，如今突然又冒出来一个儿子来。赔偿协议已经签了，50万元的赔偿款也付给被害人的丈夫了，就等着法院那边下判决呢。李飞见徐斌不相信，说有证据证明自己没有撒谎，警方也可以作证，徐斌这才答应和李飞见面。一见面，李飞就认出来了，肇事司机的父亲就是那个戴着鸭舌帽的男子。李飞出示了自己的出生证明，还有和母亲的合影照片。徐斌验明正身后，老泪纵横地恳求李飞说："我儿子刚学会开车，不小心撞了您母亲。看在他还年轻的分上，求求您高抬贵手，给他一个改错的机会。为了能得到谅解，我把家里的房子都卖了，赔偿款已经给了您的继父赵元。"说罢就把赔偿协议和转账记录递给李飞看。李飞本想好好教训肇事方，看到老人家老泪纵横，心也立马软了下来。此时，李飞才明白继父千方百计隐瞒母亲死因的缘由，继父这是想独吞这笔钱！

继父的这种自私行为让李飞想起了苦命的过去。李飞 8 岁那年，亲生父亲因患癌症去世，他和母亲相依为命。两年后，母亲嫁给了比她大 5 岁的赵元。继父赵元大男子主义思想严重，经常打骂爆粗，母亲逆来顺受，凡事都依着继父，母子俩过着寄人篱下的生活。母亲再婚两年后，生了弟弟赵军，导致李飞在继父心中的地位一落千丈，经常被打骂。一次，继父喝多了酒，再次动手打了李飞，14 岁的李飞不堪忍受，一气之下离家出走，坐上火车，想走得越远越好，最终，被好心人张龙收留。张龙年过六旬，膝下无儿无女，一个人生活，特别疼爱李飞，视为己出，李飞甚为感激。李飞离家出走后，母亲李爱英到处张贴寻人启事，盼望着母子团聚那天的到来。李飞虽然离家出走，心中却一直挂念着母亲，脑中记着老家的地址。为了让母亲放心，李飞安顿下来后主动给母亲写信报平安，告诉母亲自己生活得很好，要母亲好好保重身体。李飞 18 岁那年，张龙去世，离家出走 4 年后的李飞回到了母亲身边。李飞的突然出现，母亲李爱英非常高兴。不久，李飞决定外出打工，母亲把多年积攒下来的私房钱塞给李飞，让他好在城里落脚。继父知道后，跟母亲大吵一架："李飞已经在外面认一个老头做父亲了，如今老头死了，没人养他了，才想起我们！他已经是别人的儿子，以后不允许你偷偷给他钱！"房间小，不隔音，李飞在隔壁卧室听得清清楚楚，知道母亲不易，他没要母亲给的私房钱。当晚就收拾行李，外出打工。转眼 5 年过去了，李飞在外结了婚，生了子，这期间始终与母亲保持联系，每个月还给母亲汇钱。母亲一直在电话里说想抱抱孙子，李飞这才决定一家三口回家过年。本来是很愉快的事，谁承想母亲竟然出了车祸，从此阴阳两隔。

事已至此，人死不能复生。母亲在的时候，李飞避免与继父发生冲突，能忍就忍了。如今母亲去世，继父的所作所为欺人太甚，继父背着自己领走赔偿金，于情于理都说不过去。李飞决定和外公起诉继父和弟弟，要求依法分割死亡赔偿金。那么，李飞能打赢这场官司吗？

法庭上李飞认为，自己是李爱英的亲生儿子，有权主张分割死亡赔偿金，理应得到应得的份额。继父赵元坐在被告席上坚决反对，认为李飞 14 岁离家出走后被张龙收养至成年，与李爱英不再是母子关系，长大后也没有在身边照顾过李爱英，是自己和儿子赵军在身边陪伴，故李飞没有权利分得死亡赔偿金。李飞辩解说，自己虽然曾经被好心人张龙收留，但没有形成收养关系。成年后外出打工，虽然没有与母亲共同生活，但始终保持着联系，每月还会给母亲汇钱。双方各执一词，那么，法院会怎么认定呢？

法院认为，收养关系自登记之日起才成立，李飞虽然从 14 岁那年被张龙收留直到 18 岁，但一直没有办理收养登记，不构成收养关系。因此，李飞、赵元、赵军、李松 4 人有权获得死亡赔偿金。考虑到 70 多岁的李松年事已高，经济来源不足，生活需要照料，适当予以多分。最终，法院判决外公李松应得赔偿金 14 万元，李飞、继父赵元、弟弟赵军每人各分得赔偿金 12 万元。判决下来后，4 人均表示服从判决。而肇事司机徐志强获得了被害人家属的谅解，且有自首情节，判处有期徒刑一年，缓刑一年。

法点释义：死亡赔偿金的性质与分割原则>>>

死亡赔偿金是对受害人近亲属财产损失利益的补偿，其赔偿权利人是与死者共同生活的家庭成员范围内的近亲属，通常为第一顺序继承人，配偶、父母、子女。死亡赔偿金的分割不同于遗产分配。在分割该笔赔偿金前，应扣除已实际支付的丧葬费用，并优先照顾被抚养人的利益。剩余部分的分配应根据与死者关系的亲疏远近、与死者共同生活的紧密程度及生活来源等因素适当分割，而非等额分配。

法律链接>>>

● 收养关系的成立

收养法第十五条（节选）　收养应当向县级以上人民政府民政部门登记。收养关系自登记之日起成立。

法律链接>>>

● 遗产的范围

继承法第三条　遗产是公民死亡时遗留的个人合法财产，包括：

（一）公民的收入；

（二）公民的房屋、储蓄和生活用品；

（三）公民的林木、牲畜和家禽；

（四）公民的文物、图书资料；

（五）法律允许公民所有的生产资料；

（六）公民的著作权、专利权中的财产权利；

（七）公民的其他合法财产。

家庭本来是一个经济联合体，再婚的双方大多各自有子女，容易因经济问题发生纠纷。选择再婚但不接纳对方的孩子，必然产生矛盾，家庭生活也不会幸福和谐。再婚不仅是两个人的事情，更是两个家庭的事，既然选择再婚就应接纳彼此的子女、父母，爱屋及乌。

接下来的一起案件，也涉及死亡赔偿金的分割。案件当事人向法院提出分割继子的死亡赔偿金，但结果不同的是这次却没有获得法院的支持。这到底是一起什么样的案件呢？让我们一起来看看。

2018 年的秋收季节，李大强在村里格外忙碌。这一年，他学会了驾驶联合收割机。麦忙时节一到，李大强就开着联合收割机收麦子挣钱。这天，妻子张玉芬像往常一样早早起床给丈夫做早饭，谁承想丈夫开着联合收割机却再也没有回来。夜幕降临，传来了噩耗，丈夫出事了！张玉芬急奔现场，丈夫到底出啥事了？会不会有生命危险？

张玉芬赶到现场后被眼前的一幕惊呆了，丈夫驾驶的收割机发生侧翻，人卡在驾驶室里，胸部被挤住不能动弹，嘴角不停地流血，等被救出来时已经没有了呼吸。张玉芬哭得昏天黑地，丈夫刚30岁出头，女儿刚3岁，这今后的日子可怎么过呀？

当初，张玉芬是经人介绍嫁到了李家，公婆在村里大摆宴席。婚后，男主外，女主内，生活甜蜜，很快生了女儿。农村还存在重男轻女的思想，张玉芬看出公婆有些不高兴。但李大强从未抱怨过，反倒安慰张玉芬，生男生女都一样，二胎放开了，还可以再要。张玉芬觉得自己嫁对了人，跟李大强在一起特别有安全感。但李大强为人很要强，刚学会开收割机，就每天到村里老王家打工赚钱。老王是村里的大户，家里收庄稼的设备一应俱全。每到秋收季节，村里人都得提前预约，老王家因此发了财。今年的秋收季节特别忙，人手不够，老王没多想就雇了刚学会开联合收割机的李大强，挨家挨户收庄稼。李大强是个新手，遇到有坡度的地方，一时慌张没有控制好方向盘，发生侧翻，出了事故，丢了性命。李大强父亲看到儿子的惨状后当场晕了过去，从此卧床不起。雇主老王也头一回摊上这种倒霉事，车毁人亡，收割机坏了可以修，人没了可摊上大事了。老王和李大强的关系向来不错，对张玉芬一再表态，以后这一家老小的事能帮忙的肯定帮。对李家来说，家里的顶梁柱没了，是灭顶之灾。人是老王雇的，老王是不是应该赔偿呢？

老李卧床不起，授权儿媳张玉芬找老王协商。老王最初只同意赔10万元，老王说："李大强干了五六天的活，我赚了不到1万元，但是我愿赔偿10万块钱完全是考虑到乡里乡亲的情分，我也不愿意李大强遭遇这种悲剧。"张玉芬却说："我家失去的是一条人命，一条人命就值10万元吗？我读过书，这事我专门请教了律师，《最高人民法院关于审理人身损害赔偿案件适用法律若干问题的解释》规定，雇员在从事雇佣活动中遭受人身损害，雇主应当承担赔偿责任。律师帮我算了一下，总共得赔70多万元。由于双方主张的赔偿数额差距很大，根本谈不下来。于是，张玉芬坚决不同意去世的丈夫下葬，整天带着孩子到老王家哭得昏天黑地，老王一家不堪其扰。经过派出所和村委会的多次调解，老王最终答应一次性赔偿李大强家属60万元，彻底了结此事。张玉芬接受了调解方案，处理完后事后决定带着女儿好好过日子，孝敬公婆，用自己瘦弱的肩膀扛起这个家。可是，李大强的去世继续影响着家里的每个人，公婆都有自己的打算。

自从丈夫去世，张玉芬带着女儿与公婆在同一个院里居住，互相之间有个照应。转眼半年过去，到了春耕时节，一个陌生男人经常来帮忙干活，公婆看在眼里，郁闷在心里，这个陌生男人与儿媳张玉芬是什么关系？张玉芬解释说是她以前的同学，看自己不容易才好心帮忙。但是，公婆却不这么想，儿媳年纪轻轻早晚得改嫁，于是婆婆提出了分割李大强死亡赔偿金的要求。张玉芬领了死亡赔偿金为什么没有分给公婆呢？难道想独吞？张玉芬觉得自己委屈，当初领这笔钱公公是同意由她统一管理的，她也答应给老人家养老送终。难道公公变卦了？而且婆婆提出来要分成四份，公婆二人就要拿走一半。张玉芬觉得不该这么分，这里没有婆婆的份。张玉芬为什么会这么想呢？

原来，公婆是再婚夫妻。公公早年丧偶，形单影只好几年，儿子长大成人了，经人介绍认识了现在的婆婆。婆婆再婚前有一儿一女，均已成年。两人很合得来，不久就领证在一起共同生活。公公除了种庄稼还会做些木匠活，农闲时挣些零花钱。婆婆嫁过来后的日常开销基本由公公承担。李大强的突然去世对公公打击很大，他很同情儿媳和孙女，这才答应死亡赔偿金放在儿媳那儿。现如今婆婆突然跳出来要钱是怎么回事？第二天一大早，张玉芬趁婆婆出门来到公公面前问其中缘由。公公说出了自己的苦衷：儿子先走了，白发人送黑发人的日子很难熬。现在自己半身不遂，行动不便，处处都要靠老伴儿照顾。这半年来，老伴儿的确付出了很多。想想老伴儿嫁过来也有五六年了，钱一直没让老伴儿管，是打算以后留给儿子的，如今儿子没了，情况变了，想法也就变了，以后我这条老命就得交给老伴儿了。我知道你一个人带孩子不容易，对我也挺孝顺，但你还年轻，未来你有你的生活，你只要照顾好我的孙女，我就千恩万谢了。你把属于我的那份赔偿金交给你婆婆吧。公公说完这番话已是老泪纵横。

张玉芬觉得如果现在分割死亡赔偿金给公公，将来公公去世，这笔钱肯定被婆婆拿走，故迟迟没把钱给公公。令张玉芬没想到的是，没过多久她就收到了法院寄来的传票，张玉芬被公婆告上了法庭。公公这回彻底站在了老伴儿一边，要求依法分割死亡赔偿金。婆婆认为，自己是明媒正娶嫁过来的，现在老伴儿身体不好，都是她照顾，看病也需要钱，这钱本身就有老两口的份，现在都被儿媳一人霸占。张玉芬却说，不是不同意分，只是觉得这钱不应该有婆婆的份。那么，这笔死亡赔偿金该如何分？有没有继母的份？

法律链接>>>

● 继父母与继子女

婚姻法第二十七条　继父母与继子女间，不得虐待或歧视。

继父或继母和受其抚养教育的继子女间的权利和义务，适用本法对父母子女关系的有关规定。

死亡赔偿金是基于近亲属死亡而获得的赔偿，具有人身专属性，即专属于受害人的近亲属。法官释明，婆婆不是死者李大强的亲生母亲，而且未曾抚养过李大强，没有形成抚养关系。现婆婆主张分得死亡赔偿金，权利和义务不一致，没有法律依据，不予支持。李大强的亲生父亲，属于权利人，当然有权分得死亡赔偿金。在这个前提下，法官进行调解，最终达成和解，公公、儿媳和孙女三人各分得死亡赔偿金20万元。

案件感言：依法合理分割死亡赔偿金>>>

死亡赔偿金是在受害人死后才产生的，在公民死亡前并不现实存在，是一种特殊的财产，填补的是受害人近亲属因受害人死亡导致的生活资源的减少丧失，是对受害人家庭损失的弥补，对死者家庭利益的赔偿，不应属于死者的遗产范围，不能继承。原则上，近亲属可参照继承法的规定分割。如果继子女与继父母形成抚养关系的，可以参与赔偿金的分割。本篇中的两个案例都涉及继父母与继子女的关系，但判决结果却截然相反，原因就在于继父母与继子女之间在法律上是否形成抚养关系。在生活中无论是否形成抚养关系，至少做到彼此尊重与包容，进了一家门就是一家人，要和睦相处！但涉及利益分配时，应尊重事实，尊重法律，依法合理分割！

掉色的金项链

关键词　婚前财产约定　遗嘱

2018年的一天傍晚，李伟一家吃完晚饭，像往常一样，各忙各的。李伟躺在客厅的沙发上看《新闻联播》，媳妇张娟陪儿子玩游戏，父亲老李去小区旁边的公园遛弯。半小时后，老李突然怒气冲冲地回到家中，脸涨得通红，愤怒地冲儿子说："你真是让我丢死人了！这张老脸以后没法见人了！"刚说完就摔门进了卧室。李伟非常惊讶，父亲怎么莫名其妙发这么大火？赶紧追过去敲门，门没开，房门被反锁了。李伟搞不明白，父亲今儿这是怎么了？自己做错了什么会让父亲如此生气？

父亲一晚上没开门，李伟忐忑不安，翻来覆去睡不着觉。回想过去，父子俩从未红过脸。李伟今年32岁，出生在贫困的农村，在他5岁的时候，母亲因病去世，父亲既当爹又当妈，含辛茹苦把李伟养大，供他读书。大学毕业后，李伟与同事张娟恋爱，因城里没有房子，两人迟迟没结婚。父亲拿出全部积蓄给李伟买房，李伟打心底感激父亲。婚后不久打算接父亲到城里生活，谁知父亲说什么也不肯搬过来住，说在农村生活了大半辈子习惯了，不适应城里的生活。一开始，李伟还会趁着周末回老家看望父亲，但随着工作越来越忙，回老家的次数越来越少。父亲想儿子就只好往城里跑，每次见面老李拐弯抹角地跟小两口唠叨，想早点抱孙子。李伟非常理解父亲，老家街坊邻居那些没上大学的同龄人早就结婚生子，孩子都满地跑了。"不孝有三，无后为大"，李伟深知父亲的心愿，抓紧生育，一年后，小两口生了一个大胖小子，老李抱上了孙子，乐得合不拢嘴，主动要求留在城里照看孙子，父亲愿意帮忙，小两口正求之不得。老李进城带孙子是忙得不亦乐乎，正如那首打油诗形容的那样："没有孙子盼孙子，有了孙子成孙子；宁可当孙子也不能没孙子。"老李就这样累并快乐着。

一转眼两年过去了，李伟为了表达孝心，在父亲60大寿的时候，特意去金店给父亲买了一条价值1万多元的金项链。生日那天，李伟亲自给父亲戴上，老李感动得热泪盈眶，这是他有生以来收到的最贵重的礼物。打那之后，老李再也没有把脖子上的金项链摘下来过，逢人就夸儿子孝顺。无论亲朋好友，还是街坊邻居，都知道老李儿子孝顺，舍得给父亲花钱。半个月前，让李伟惊讶的是，父亲兴致勃勃地报了培训班，说要学广场舞。父亲一辈子和庄稼地打交道，怎么突然学起广场舞了？只要父亲开心，李伟就支持，帮着报名买服装，这刚开始学广场舞没几天，怎么就突然生气了呢？究竟发生了什么？李伟百思不得其解。第二天一大早，老李开门了，李伟连忙问父亲因为什么生气啊？老李把手中的金项链扔给李伟说："就是这破玩意儿，坏了我的终身大事！"听父亲这么一说，李伟更纳闷了，1万多元的金项链怎么突然成了"破玩意儿"？破坏了父亲的"终身大事"又是怎么回事？

李伟安慰父亲坐下来慢慢说。原来父亲遇上喜事了，迎来了"第二春"，可这刚要盛开的黄昏恋就要被扼杀在摇篮里了。李伟万万没想到父亲这把年纪会有再婚的想法，因为父亲年轻时都没再婚，老了老了怎么还追求上爱情了？李伟知道，父亲对早逝的母亲感情深厚，也担心给李伟找个后妈日子不好过，所以父亲年轻时把全部精力和心思都放在了李伟身上，一直单身。父亲进城后发生了怎样的转变呢？老李跟儿子说，自打孙子上幼儿园以后，他的空闲时间就多了起来，经常到公园去遛弯。公园里可热闹了，跳舞的、下棋的，尤其是那些跟自己年龄相仿的大妈，打扮得花枝招展，能歌善舞，有时候还主动打招呼。老李有种"枯木逢春"的感觉，每天就盼着去公园凑热闹，聊会儿天。老李慢慢觉得，儿子成家立业了，应该为自己活一把，身边要是有一个老伴儿和自己手拉手，一起度过余生，该多好！李伟听了父亲的想法，频频点头说：好哇，没问题，我支持您找老伴儿！老李紧接着告诉儿子说：老伴已经找好了，目标已经锁定了，谁承想眼看就要到手了，如今却突然前功尽弃，太让人郁闷了。到底是怎么回事呢？老李讲了整个事情的来龙去脉。

原来，前段时间公园举办相亲活动，报名的人很多。老李头一回遇到这事，觉得还是城里人开放，相亲都可以组团了。出于好奇，也跟着报了名。在众多相亲者中，老李遇见了一位心仪的女士。这位女士，老李已经默默关注了很久，她每天晚上 7 点准时来公园跳舞，老李也每天在这个点到公园，站在一旁静静欣赏。老李没想到这么优雅的女士竟然单身，立马鼓起勇气，挤进了人群，上前打招呼，这位女士很有礼貌地与老李交流。通过聊天老李得知这位女士叫张敏，比他小 3 岁，同住在一个小区，打算找个合得来的老伴儿，朝夕相伴，共度余生。老李一听，心里乐开了花，连忙向张敏介绍自己，并要了电话号码。相亲会一结束，老李就带着张敏在公园散步。老李说的每一句话，张敏都耐心地听着，微笑着，从不打断。老李感觉特别好，又热情地带着张敏去饭店吃了顿饭，不停地给张敏夹菜、倒茶，饭后又热情地送张敏回家。当晚，老李激动得一夜没睡，心中像有只小鹿上蹿下跳，张敏就是自己等了很久的那个女人，一定要追到手。

第二天，老李精心打扮了一番，把小孙子送到幼儿园后立马约张敏逛公园，没想到张敏说身体不舒服，拒绝了。可是晚上 7 点，张敏却准时来到公园跳舞，看上去并不像生了病。张敏对老李仍旧很有礼貌，但却处处躲着老李，不愿意单独跟老李接触，一连好几天都是这个样了。老李想不明白，相亲那天不是聊得挺好吗，怎么突然就变了呢？为了搞清楚原因，老李向广场舞教练陈朋套近乎，打听张敏的情况。老李请陈朋喝酒，陈朋告诉老李，张敏不是一般人，退休前是教高中的语文老师，离婚好几年了，一直单身，有个女儿，移民澳大利亚了，很少回国，平常就她一人，借跳舞打发时间。虽说张敏也在相亲，但是人家择偶标准可高了，那是出了名的挑剔，不但要有文化，三观还得一致，生活习惯也要好，之前追求她的那些人都知难而退了，谁也没追上。张敏这人清高得很，一般人入不了她的眼。老李这才明白，张敏压根就没看上他，自己一农村老头怎么能高攀得上呢？老李越想越绝望，跟陈朋一边聊，一边喝酒，不知不觉就喝醉了，最后被陈朋送回家。

老李在家郁闷了一个礼拜，对张敏还是念念不忘。来到公园却发现张敏已经三天没来跳舞了，打电话也不接。一打听才知道，张敏在家洗澡时，不小心滑倒了，摔骨折了，正在医院躺着！老李想到张敏孤身一人，无人照顾，立马跑到医院看望。老李在医院陪着张敏检查、换药，倒水买饭，鞍前马后伺候了一周。张敏出院回家养病，行动不便，老李又帮着洗衣服、打扫卫生，还给张敏做拿手的饭菜。一开始，张敏的态度是爱搭不理的，有时还故意发脾气，想把老李气走，谁知老李并不生气，仍旧贴心照顾。张敏慢慢被打动了，问老李："老李啊，我一直拒绝你，你还对我那么好，你就不觉得跟我在一起挺受气吗？"老李半开玩笑地说："受气也愿意，谁让我喜欢你呢，只要能让我照顾你，我愿意一直宠着你！你就是我的掌上明珠。我虽然没文化，但是我身体好，能干活，我会让你幸福。"张敏听后很感动，用温柔的眼光看着老李。老李感觉时机到了，连忙向张敏表白：只要你答应和我在一起，我每天给你做好吃的，哄你开心。张敏点了点头，老李激动地摘下脖子上的金项链给张敏戴上，作为定情信物，想借此拴住张敏的心。老李本打算这两天就把自己要再婚的事告诉儿子，哪儿知道还没来得及说就出事了。昨晚老李出去和张敏约会，张敏一见面就把金项链退了回来，生气地说："想不到你老李会是这种人，咱们以后不要见了！"老李纳闷，连忙问道："怎么了？我们不是相处得很好吗？"张敏不客气地说："你还装？你送的金项链掉色了，是假的！我不在乎它值几个钱，但真假很重要，这反映一个人的人品。"张敏说完，扭头就走了，丢下老李一人在原地发呆。老李寻思着，这金项链是儿子送给自己的祝寿礼品，怎么可能是假的呢？老李用力一搓，果然掉色。老李感觉颜面尽失，恨不得找个地缝钻进去，怪儿子不应该拿假项链来糊弄自己，毁了到手的幸福。

至此，李伟这才明白父亲发火的原因。可是，金项链是在正规的金店买的，怎么可能是假货呢？李伟拿着父亲扔给他的金项链仔细一看，确实有问题，颜色明显暗了，还真是掉色了，难道正规的金店也卖假货？这事蹊跷，李伟安抚好父亲的情绪后拿着发票找金店算账。

当天下午，李伟带着父亲怒气冲冲地来到金店，一看到当初的店员就愤怒地喊道："这么大的店竟然卖假货，你们今天必须给我一个说法！"还没等店员反应过来，李伟又喊道："就因为你们卖的假货，我父亲的黄昏恋都被搅黄了，除了赔偿经济损失，还要赔偿精神损失。"围观的顾客越来越多，店员招架不住，把经理叫了过来。经过认真检查和比对，经理对李伟说："您的这条金项链确实是假的，镀金的，氧化了，自然就掉色了。"就在父子俩感觉维权有戏时，经理提高了嗓门继续说："但是，这条假的金项链并不是我们当初卖给您的那条，卖出去的那条重42克，您今天带过来的这条只有30克！"李伟看着手中的发票，当初买的那条和现在手中的这条确实在重量上存在差异，李伟想不明白这到底是咋回事。此时，老李气愤地说："这项链自从买了以后我就一直戴着，没离开过我，肯定是你们交货的时候做了手脚，以假乱真！"经理听老李这么说生气了："你们这是故意拿假货碰瓷，如果再这样胡搅蛮缠，我可就报警了！"李伟见金店经理不但否认，还反咬一口，气得和金店经理推搡起来。保安见局面有些失控，连忙拨打报警电话。警方到了以后，双方各说各的理，通过调查发现，金店的确没有假货，以前也没有过类似的投诉，而且通过调取录像查看当时的交易过程，也没发现调包情形。基本可以确定金店卖出去的是真货，金项链如果被调包也是卖出去以后的事了。那么，一直戴在老李脖子上的金项链是怎么变成假的呢？如果被调包又是谁干的呢？

警察分析，如果老李戴在脖子上的金项链被神不知鬼不觉地掉了包，肯定是熟人作案。警察询问老李平时都和哪些人来往，近期又接触了哪些人，做完笔录后让老李回家等消息。回到家后，李伟发现父亲整天闷闷不乐，待在家里也不去公园遛弯了。对此，李伟很担心也很内疚，在父亲黄昏恋这件事上，竟帮了倒忙。李伟决定陪父亲把金项链的事向张敏解释清楚，化解误会。晚上7点，父子俩来到公园，张敏正在跟教练陈朋一起跳广场舞。广场舞一结束，陈朋就收拾东西走了。李伟赶紧拿着发票向张敏解释说："张阿姨，那条项链是我从正规金店买的，从小父亲就教我要诚实做人，肯定不会买假货。父亲更不会故意拿假的金项链骗您，我父亲对您是一片真心，这里面肯定有误会，现在警方正在调查……"还没等李伟把话说完，张敏就发火了。张敏没好气地说："没什么可说的，你们是不是怀疑是我干的，我不想再跟你们有任何来往，咱们就到此为止！"张敏为什么会这么想呢？原来，警察下午找张敏谈话了，问张敏和老李是怎么认识的，两人是什么关系？怎么发现金项链是假的。这让张敏觉得非常尴尬，老李不但拿假的金项链骗人，还怀疑她做了手脚！张敏当时向警方解释，因为老李追求她，所以送金项链讨好，第二天她发现金项链是假的，很生气，就提出了分手。张敏前脚刚送走警察，来到公园跳舞散心，没想到这爷儿俩后脚就跟了上来，一刻的安宁都没有。李伟原本是想帮父亲化解误会，哪想误会越来越深，不欢而散。

第二天，老李送孙子上学，刚回到家中，听到门外一阵急促的敲门声。老李打开防盗门发现门外站着一位陌生小男孩，还没等老李开口，小男孩就问：您是李大爷吗？老李点头说是啊，小朋友你有什么事。小男孩说："你的金项链在我这儿，现在还你。"小男孩说完把金项链递给了老李。老李接过金项链，小男孩转身要跑，老李一把抓住小男孩的胳膊，拨打报警电话。老李想知道真相，他要向张敏证明自己不是骗子，人品也没问题。警察把小男孩带到派出所，问这金项链哪来的？小男孩开始说是捡的，可是什么时间，在哪儿捡的又支支吾吾地说不上来。警方觉得这里头有问题，要通知家长和学校，小男孩害怕，说了实话。小男孩说，是公园教街舞的教练陈朋让帮忙，把金项链还给李大爷，至于金项链怎么来的就不知道了。小男孩说的是否属实？如果属实，老李的金项链怎么会在陈朋手上？他为什么不亲自还给老李呢？

小男孩提供了重要线索，警方顺藤摸瓜找到陈朋，陈朋觉得事情暴露，说出了真相。陈朋今年35岁，酷爱舞蹈，不甘心在家务农，初中毕业就到城里寻找机会，梦想着有一天能发财。到了大城市才知道天外有天人外有人，没有经过专业训练，仅凭一腔热血很难出人头地。为了在城里生存下来，他到健身房打工，勉强维持生计。就这样十年过去了，眼看30多岁了，连个媳妇都没有，至今还是单身。天有不测风云，陈朋工作多年的健身房因经营不善倒闭了。要在前些年，离职或者跳槽对陈朋来说是件很容易的事，因为年轻帅气的男生很受欢迎。如今人到中年，在这个吃青春饭的行当里失去了竞争力。陈朋一时找不到合适的工作，连个住的地儿都没有，不得不在公园里教大爷大妈们跳跳广场舞，学广场舞的有几十人，张敏和老李都是其中的学员。陈朋早听过老李炫耀，脖子上的金项链是儿子花了一万多块钱买的，仔细一看，果然是好货，金灿灿的。陈朋自己也有一条，淘宝上买的，与老李戴的类似，不过是假的，几十块钱。正巧那天老李约陈朋吃饭打听张敏的事，诉说心中的苦闷。几杯酒下肚，两人都有些醉意。老李借酒消愁，觉得以自己条件高攀不上张敏，非常郁闷。陈朋心情也不好，想想自己人到中年还一无所有，有上顿没下顿，不想回农村务农，又很难在城里立足，人生活得好纠结。他看着老李醉得不省人事，老李脖子上的金项链闪闪发光，起了歹心。于是取下老李脖子上真的金项链，把假的给老李戴上。陈朋把真的金项链藏起来想找机会变现。令陈朋没想到的是，老李竟然把自己调包的假项链送给了张敏，张敏见过世面，很快就会发现老李送的金项链是假的。陈朋提心吊胆，几夜没有合眼，不知如何是好。

得知老李报了警，陈朋更是如坐针毡。为了避免把事情闹大，决定神不知鬼不觉地把金项链“完璧归赵”，安全脱身。可是怎么才能“完璧归赵”呢？陈朋想到了跟自己学街舞的小男孩刘乐，让12岁的小男孩去“顶雷”，即使犯错也不会被追究法律责任。陈朋说服小男孩帮忙把金项链送回去，就说是公园里捡的。叮嘱小男孩，谁问也不能说是他让送回去的。事成之后，陈朋答应除了免费教街舞，还有500元奖励，小男没多想就答应了。但是，小男孩没有经得住警察的盘问，漏洞百出，陈朋“完璧归赵”的计划很快就被警方识破。归案后，陈朋对自己的犯罪事实供认不讳，但为开脱责任却说：我虽然盗取了金项链，但很快还给了老李，属于犯罪中止，而且也没给老李造成任何损失，应当免除处罚。那么，陈朋主动把到手的金项链送回来构成盗窃罪的犯罪中止吗？法院会怎么认定？

法院认为，陈朋趁老李醉酒，取走金项链藏起来，已经使财物脱离了老李的实际控制，犯罪结果已经产生，此时已经构成犯罪既遂，并不因得逞后归还而改变其犯罪形态。陈朋的行为构成盗窃罪，且既遂，应受刑事处罚。最终，陈朋被判处拘役4个月，缓刑4个月，并处罚金3000元。刘乐没有参与盗窃，不构成犯罪，但刘乐的行为在一定程度上干扰了正常的司法活动，需要家长多加管教和引导。真相大白后，老李与张敏的误会得以解除。张敏名下有不少财产，老李基本靠儿子赡养，为了打消张敏及其女儿在财产上的疑虑，老李主动提出两人婚前和婚姻存续期间的财产归各自所有，张敏可以立遗嘱把财产留给国外的女儿，但自己仍会全心全意陪着张敏，共度余生。

法律链接>>>

● 夫妻财产约定

婚姻法第十九条　夫妻可以约定婚姻关系存续期间所得的财产以及婚前财产归各自所有、共同所有或部分各自所有、部分共同所有。约定应当采用书面形式。没有约定或约定不明确的，适用本法第十七条、第十八条的规定。

夫妻对婚姻关系存续期间所得的财产以及婚前财产的约定，对双方具有约束力。

夫妻对婚姻关系存续期间所得的财产约定归各自所有的，夫或妻一方对外所负的债务，第三人知道该约定的，以夫或妻一方所有的财产清偿。

法律链接>>>

● 遗嘱

继承法第十六条（节选）　公民可以依照本法规定立遗嘱处分个人财产，并可以指定遗嘱执行人。

公民可以立遗嘱将个人财产指定由法定继承人的一人或者数人继承。

老李的执着和真诚，最终打动了张敏。张敏也想明白了一个道理，人没有十全十美的，黄昏恋，重在陪伴，人到老年能遇到一个真心实意对自己好的人，就是一种幸福。最终，两人在双方子女的祝福下结为夫妻。

案件感悟：再婚前应处理好财产问题>>>

再婚夫妻双方一般会有自己的婚前财产，为了避免日后发生财产纠纷，最好在再婚登记前，对各自的婚前财产协商好，签订婚前财产约定。再婚后所得，可以用于婚后夫妻共同生活。这样无论再婚夫妻谁先撒手人寰，或是未能白头再次分手，都不会因婚前财产发生争议。解决再婚财产纠葛问题，建议采用三不变原则：

（1）双方婚前财产所有权不变。房产和室内家具等生活资料，再婚夫妻之间可居住使用，婚前房产所有权归各自所有。

（2）子女成年后再婚的，双方亲子关系不变。包括称呼不变，成年子女对父母再婚的伴侣，不一定非要改口称爸妈，也可称叔叫姨；赡养关系不变，父母再婚后，没有形成抚养关系的继子女可以不赡养父母再婚的老伴儿；护理关系不变，老人患病需要护理时，第一护理人是老伴儿，第二护理人则是老人自己的子女。继承关系不变，只继承亲生父母的遗产。而对于再婚时子女未成年形成抚养关系的，权利义务则视同亲生子女一样平等对待，尽量做到一碗水端平。

（3）双方婚前财产继承权不变。再婚夫妻的财产大多为婚前财产，这些婚前财产如何在生前死后处理和安排，是非常敏感和棘手的问题，极易发生情感危机。在平衡保障再婚配偶利益的前提下，可以通过遗嘱把婚前属于自己的全部或部分财产指定自己的子女继承。如果是现金资产也可以通过保险、信托等金融工具传承给自己的子女。

总之，把财产给到想给的人，法律是实现传承愿望的工具，可以根据家庭关系情况、家庭成员的表现、财产状况等因素灵活安排，动态调整。具体比例的确定、传承工具的选择还是要根据每个家庭情况定制化的安排设计，兼顾各方利益。财富应使得每位家庭成员更幸福，而不是使人们陷入争产的旋涡。

离奇车祸

关键词　夫妻共同财产　遗产

2016年深秋，北方某镇的夜晚格外寂静、寒冷。在果园忙了一整天的张大爷，躺在床上，刚要入睡，忽然听到窗外"嘭"的一声巨响。张大爷本能地从床上坐起，透过窗户，隐约看见一辆汽车由南向北，飞驰而去。张大爷的第一反应是果园进小偷了，立马起身来到果园，查看情况。白天采摘的果子都还在，可是刚才的巨响是怎么回事呢？张大爷拿着手电筒扫了一下旁边的马路，发现路中央躺着一个人。走近一看，顿时睡意全无，只见有个血淋淋的男子仰面躺在地上，一动不动。不远处，还倒着一辆散了架的电瓶车。张大爷意识到这是一起惨烈的交通事故，立刻报了警。被撞的人是谁？还有没有救？肇事司机能抓到吗？

警方接到报警后，很快赶到了事发现场。发现被撞男子因失血过多，早已没了呼吸。附近两公里之内，除了张大爷看果园的土房，就是庄稼地，道路两旁也没安装摄像头。警方在死者身上发现了驾驶证和手机，驾驶证显示被撞男子叫马跃，是附近的村民，正要派人按照驾驶证的地址通知死者家属，突然从南边走来两位焦急的老人。经核实，两位老人是马跃的父母，见儿子这么晚了一直不接电话，十分担心，这才来镇里看看情况。当看到儿子马跃被撞得面目全非，从此阴阳两隔，老两口痛不欲生。

民警一边安慰马跃父母，一边派人按肇事车辆的逃逸方向寻找破案线索。在离案发现场以北二公里处，警方发现了一辆白色轿车，侧翻在马路边的水沟里。车头沾有大量血迹，靠近轿车方向盘一边的车门敞开着，司机不知去向，方向盘上留有几滴血迹。这辆白色轿车会不会是逃逸的肇事车辆呢？警方经DNA比对，肇事车辆车头所沾的血迹与死者马跃相符，白色轿车就是肇事车辆！接下来最重要的是顺藤摸瓜找出肇事司机。令警方意外的是，肇事车辆竟然是辆报废车，车牌号也是伪造的，无法通过车辆信息查出肇事司机。

就在警方一筹莫展时，一起报案引起了警方注意。几天前，镇里唯一的网吧突然停业，网吧老板刘坤的电话一直处于关机状态，会员们担心老板携款跑路，选择报警。一向生意兴隆的网吧怎么会突然就关门了呢？警方找到了刘坤父母，奇怪的是，他们也联系不上刘坤，正着急呢，不过他们有网吧的钥匙，可以一起去看看。警察进入网吧后发现刘坤正虚弱地躺在一个小房间里，头上包着纱布，纱布上渗出了血迹。刘坤看到警察后神情紧张。刘坤的伤哪儿来的？为何不去医院治疗？网吧关门的时间正是马跃出车祸那天，这未免太巧合了！刘坤会不会与交通肇事案有关？果然，经过DNA比对，刘坤的血迹与肇事车辆方向盘上的血迹一致，刘坤正是肇事司机！证据面前，刘坤没有狡辩，他承认自己开车撞了人。事发之后，一直非常紧张、内疚，愿意在经济上赔偿马跃家人，希望能够得到谅解，争取宽大处理。那么，肇事司机积极赔偿的态度，能否获得马跃家人的谅解？

马跃父母得知肇事司机是网吧老板刘坤后略感惊恐，要求刘坤血债血偿。老两口对警察说：必须一命抵一命！财大气粗，想花钱了事？做梦！老两口不但没有谅解刘坤，还坚持认为这不是一起普通的交通肇事，要求警方彻查此案。此时，坐在一旁的马跃妻子杨娟，低着头，一言不发，神情和举止都表现得极为紧张。看来，刘坤与马跃并非素昧平生，两人有着什么样的恩怨？对于马跃的死，父母和妻子的态度，为何会有如此大的反差？

马跃是家里的独苗，为人老实厚道。高中没毕业，就跟着父亲常年在外开大车，跑运输。26岁那年，马跃经人介绍与邻村30岁的杨娟相识。马跃当时一眼就看中了杨娟，觉得杨娟虽然年龄大些，但打扮时尚，能说会道。相识不到一个月，就匆匆登记结婚，连婚房都没来得及买。婚后，两人相处得很甜蜜，如胶似漆，但和父母住一块儿，总觉得不大方便，很别扭。于是，两人把各自多年攒的钱拿出来在离父母不远的小镇上买了一套小两居室，共同居住。可是，买了房后，生活一下子变得拮据起来。为了养家糊口，马跃继续在外跑运输，和杨娟十天半月才聚一次。杨娟一个人在家，无所事事，应聘到了一家网吧当服务员，既打发了时间，又在一定程度上减轻了马跃身上的担子。可是，不到一年，老两口在村里听到了一些风言风语，说儿媳和网吧老板刘坤有不正当关系。一开始，老两口并没放在心上，觉得是村里人捕风捉影，爱说闲话。可是，老两口慢慢发现，儿媳上班时打扮得越来越漂亮，下班的时间也越来越晚。就在两个月前，老两口假装有事，去镇里找儿媳杨娟，发现她并没在网吧，刘坤也不见踪影。老两口打电话给儿媳，一直没人接电话。半小时后，婆婆收到儿媳的短信：正在网吧上班，刚才在忙。直到这时，老两口才意识到，儿媳可能真的有问题。明明没在网吧，为什么要说谎？看来那些传言有可能是真的！为了不影响小两口的关系，老两口以想抱孙子为由，让儿子不再外出，待在家多陪陪妻子。可是，不跑运输，靠什么生活呢？老两口拿出所有积蓄，支持小夫妻在镇上开了一家小卖店。一方面儿子不用往外跑；另一方面儿媳也不用去网吧打工。老两口觉得一举两得，令他们没想到的是，儿媳并不高兴，极不情愿地辞掉了网吧的工作，对儿子的态度变得越来越差，经常为一些琐事吵架，搞得家里鸡犬不宁。就在儿子出车祸的一个月前，儿媳还闹着要离婚。没想到，肇事司机就是刘坤。马跃父母认为，这里面肯定有文章！那么，杨娟和刘坤是否存在不正当关系？这起车祸是意外还是谋杀呢？

警方决定找杨娟单独谈谈。面对警察的询问，杨娟一再强调，马跃的死跟她无关。杨娟整个人神情恍惚，说自己快要崩溃了。自从丈夫出车祸之后，周围的人开始疏远她，背地里指指点点，更不能接受的是公婆认为是她害死了马跃！导致晚上经常做噩梦，梦见丈夫向她索命，整夜不敢入睡，痛苦不堪。杨娟说她从小家境贫寒，高中一毕业就去城里打工，本想嫁个城里人，通过婚姻改变命运。结果没能如愿，把自己拖成了大龄剩女。回到村里，杨娟认识了踏实能干的马跃，婚后马跃一家人对她照顾有加，但是丈夫经常在外跑运输，让她倍感孤独和无聊，这才决定找份工作。应聘到网吧后，老板刘坤很赏识她。同时，杨娟承认一个月前向马跃提出过离婚，但绝对没有害马跃的想法。刘坤也从来没跟她说过要害马跃，而且刘坤是个有文化懂法的人，不会胡来，马跃出车祸肯定是场意外，愿意配合警方查出真相。警方认为，杨娟与刘坤虽然关系不一般，但并不能据此断定，刘坤就是故意杀人，更不能断定杨娟是共犯。就在此时，报案的张大爷打电话给警方说有重要证据提交。那么，张大爷提交了什么证据呢？能否对案件的定性有所帮助？

原来，果园老板在车祸发生前夕，为防止果园被盗，在路边的树上安了一个摄像头，还没来得及告诉守夜的张大爷。张大爷得知后立刻联系了警察。警方调取摄像记录的内容后，经过反复查看，发现肇事车辆在事发前一个小时就停在了马路边，刘坤从车里拿出假牌照，换掉了真牌照。一个小时后，马跃骑着电瓶车沿着路边正常行驶。刘坤驾驶车辆猛地撞向马跃，马跃被撞飞十米开外，肇事车辆随后向北逃逸。结合前面已经掌握的事实和证据，警方认为刘坤存有故意杀人的重大嫌疑，决定讯问刘坤。在监控录像面前，刘坤向警方交代了事情的来龙去脉。

刘坤，家境富裕，从小衣食无忧，备受父母宠爱。只要想要的东西，父母都会满足。刘坤因沉迷网络游戏，没能考上大学，后来自考大专，学习计算机专业。毕业后在父母的资助下在镇上开了一家网吧。因为是独家，网吧生意一直不错，七八年下来挣了不少钱。刘坤性情孤僻，比较挑剔，眼看30岁了却一直没有结婚。父母为了早点抱孙子，不断给儿子介绍对象，最终和镇里服装店老板的女儿许芳相识。许芳是大家闺秀，刘坤父母非常满意，不久二人就结婚了。婚后，刘坤发现许芳的事业心太强，心里只想着怎么多开几家服装店，对自己的事，不但不关心，还嫌弃网吧不是什么正经行业。白天两人各忙各的，晚上八九点回到家，匆匆洗漱一下就睡觉了。一天下来，两人很少沟通。有时忙起来，许芳会一连好几天待在娘家。夫妻俩各自的生意都不错，但两人一直是不远不近、不咸不淡的关系。结婚五六年，两人一直没有孩子。这件事成了两人矛盾的导火线，双方都不愿意去医院检查，都认为是对方的原因。为此，两人经常吵得不可开交。双方父母也是干着急，不知如何是好。就在此时，杨娟走进了刘坤的视野。

这天，杨娟来到刘坤的网吧应聘服务员。刘坤面试时半开玩笑地对杨娟说：来我们这应聘的都是十八九岁的小姑娘，你勇气可嘉！如果严格按照应聘条件，你是不符合的。杨娟听到这番话，内心凉了半截，以为这次面试要泡汤。谁知第二天，刘坤就通知她来上班。没有年龄优势的杨娟是靠什么应聘成功的？原来，刘坤第一次见到杨娟就觉得她是自己喜欢的女人，圆润、丰满、爱笑，甜甜的，给人一种温暖舒服的感觉。刘坤当即决定把杨娟留下来。杨娟毕竟在城里打过工，见过世面，待人接物都很得体。刘坤越来越喜欢她，总有一种想亲近的冲动。唯一遗憾的是，杨娟已婚。于是，刘坤趁着工作闲暇之余，和她聊聊家常，想多了解一些杨娟的情况，再做打算。

刘坤得知杨娟的丈夫经常在外跑运输，十天半月才回来一次，暗自欢喜。不久，刘坤提拔杨娟，让她负责收银，手把手教她管账。故意安排她加班，借机动手动脚，试探杨娟的底线。让刘坤颇感意外的是，被杨娟拒绝了。刘坤并没有因此放弃，反倒觉得杨娟不一般，高看一眼。刘坤主动给杨娟加薪，提高待遇，又以组织优秀员工度假为由，创造接触机会。有句话说得好，要想了解一个人，就和他一起去旅行。为了掩人耳目，刘坤还带了其他员工一起去。清澈的海水、可口的美食、奇特的建筑、豪华的酒店，让杨娟大开眼界。刘坤一路照顾得很周到。到了晚上，刘坤把大家召集在一起喝酒，不醉不归。大家玩得都很开心，很尽兴，喝到深夜，各自回房休息。刘坤送杨娟回房间，杨娟半醉半醒，没有拒绝。进了杨娟的房间后，刘坤拿出事先准备好的闪闪发光的钻戒，戴在杨娟的手上，表达爱意，杨娟没有拒绝。这次旅行两人坠入了爱河。自此，两人如胶似漆。几个月后，杨娟却突然提出辞职。

原来，刘坤不跑运输了，回家开小卖店，要求杨娟必须从网吧辞职。杨娟觉得自己和刘坤的事，很可能被丈夫发现了，理性考虑后决定回归家庭。刘坤无奈接受，两人从此很难见面。刘坤对杨娟念念不忘，做不到彻底断了来往，相思之苦折磨着刘坤。他时常一个人偷偷地来到小卖店附近，远远地看着心爱的女人。当看到杨娟和马跃在一起，刘坤心如刀割，嫉妒和愤怒涌上心头，暗下决心，一定要抢回杨娟。就在两人分开的一个月后，刘坤突然收到杨娟的微信，是一份医院检查报告，显示杨娟已经怀孕两个多月！孩子是谁的，杨娟并不确定，决定有必要让刘坤知道。此时，刘坤的心情就像在沙漠里看到了一片绿洲一样兴奋，他认为马跃刚回来还不到一个月，而杨娟已经怀孕两个多月，马跃回家之前，自己和杨娟在一起的时间比较多，这孩子肯定是自己的！于是，刘坤让杨娟回到自己身边的想法更加坚定，发誓一定要好好保护好杨娟和孩子。

当天晚上，刘坤向妻子提出离婚，没想到谈得很顺利，许芳也不愿维持有名无实的婚姻。许芳是个要面子的人，不愿就此事闹得满城风雨。只要刘坤在财产上让步，许芳就答应离婚。为了能快速离婚，刘坤在财产上做出了让步，夫妻共同财产四六开，许芳得六，刘坤得四。刘坤火速离婚后，立刻劝说杨娟：你怀的孩子肯定是我的，抓紧离婚吧，不然等肚子鼓起来，就瞒不下去了！我已经离婚了，我会对你和孩子负责的。刘坤的做法让杨娟震惊之余，大为感动。杨娟心想：刘坤为了自己和孩子，已经破釜沉舟，自己也必须有所回应。马跃老实憨厚，过日子还凑合，但少了几分男子汉气概，更不懂得浪漫，与马跃在一起，经常会感到十分无聊，他也不能给孩子一个好的成长环境。经过一番思想斗争后，杨娟向马跃提出离婚，却被马跃一口拒绝。马跃说，坚决不同意离婚，好不容易娶进门，怎么可能离婚？免谈！杨娟不甘心，软硬兼施，想尽办法跟马跃离婚，马跃就是不答应，并再次强调："你死了这条心吧，除非我死了！只要我活着，就不可能跟你离婚。"

杨娟婚没离成，刘坤很着急。为了尽快和杨娟在一起，刘坤假装有急事，要求杨娟早点到小卖店，然后故意拖延时间不走，想让马跃看到自己和杨娟亲热地拥抱，让马跃彻底死心。谁知马跃看到这一幕后，还是没有答应离婚，从此不让杨娟出家门。刘坤更着急了，带着30万元现金，对马跃说，只要你同意离婚，这30万元都是你的。谁知马跃不但没要钱，还把刘坤暴揍了一顿。怎么才能让杨娟快速离婚？刘坤去咨询了律师，律师告诉他，如果杨娟去法院起诉离婚，马跃不同意离的话，第一次起诉也通常不判离。半年后再次起诉，就有可能判离。刘坤觉得时间太漫长，等不了，杨娟的肚子一旦鼓起来，到时事情就不好办了。

刘坤从小就是一个不达目的誓不罢休的人。干脆一不做二不休，计划把马跃干掉。于是，刘坤精心策划，找到一个没有监控的地方，制造了一起交通事故，神不知鬼不觉地让马跃死于非命。没想到逃走的时候，过于紧张，车翻到沟里，受伤并留下血迹，暴露了身份，结果被抓。最终，刘坤因故意杀人罪被判处死刑，剥夺政治权利终身。而杨娟在丈夫马跃去世后的第七个月顺产生下一个男孩，经DNA鉴定，男孩是马跃的。狱中的刘坤得知孩子不是自己的，苦笑懊悔，自己不惜一切代价追求的结果竟然如此荒唐不堪。

孩子的出生，并没有缓解杨娟与公婆的紧张关系。公婆认为，杨娟的出轨行为不但让他们失去了唯一的孩子——马跃，还严重破坏了他们家的名誉，在亲朋好友面前抬不起头，要求杨娟搬回娘家居住。杨娟认为丈夫意外去世，自己也很悲痛，孩子一出生就没了爹，如今又要被公婆赶出家门，内心很绝望。杨娟带着孩子被公婆赶回娘家，但是小镇的房子毕竟是和马跃结婚后买的，登记在双方名下，不能就这么让公婆独占。马跃被害，杨娟并不知情，更没有参与，不应丧失继承权。马跃的孩子刚出生，杨娟开销比较大，目前又没有经济来源，无奈之下，杨娟把公婆起诉到法院，要求依法分割房产。

法院认为，小镇的房子由杨娟和马跃婚后共同出资购买，并登记在双方名下，属于夫妻共同财产，马跃占50%的份额。马跃去世后，马跃的父母、杨娟和马跃的儿子均有权继承马跃的份额。最终，法院判定，杨娟的份额为62.5%、马跃儿子的份额为12.5%、公婆两人分得的份额为25%。杨娟没有积蓄，拿不出折价款。公婆在村里有自己的房子，最后决定卖房分钱。于是，开始变卖小镇房子，得房款16万元。杨娟分得10万元，马跃的儿子分得2万元、公婆分得4万元。

法律链接>>>

● 遗产的认定

继承法第二十六条　夫妻在婚姻关系存续期间所得的共同所有的财产，除有约定的以外，如果分割遗产，应当先将共同所有的财产的一半分出为配偶所有，其余的为被继承人的遗产。

遗产在家庭共有财产之中的，遗产分割时，应当先分出他人的财产。

法律链接>>>

● 继承人范围

继承法第十条（节选）　遗产按照下列顺序继承：

第一顺序：配偶、子女、父母。

第二顺序：兄弟姐妹、祖父母、外祖父母。

婚外恋是一种危险的关系，是这场悲剧的导火线。杨娟在两个男人中间周旋，享受着两个男人对她的好。没有原则没有底线，她没有预料到故事的结尾是两个男人为她为这段婚外情付出生命的代价。她自己众叛亲离，公婆视她为仇人，孩子一出生就没有了爸爸，周围的人对她指指点点，追悔莫及，最后被逼搬回娘家。人对待婚姻要忠诚，对待感情应理性。

案件感言：逝者已逝，合法分割财产>>>

根据我国法律规定，被继承人生前留有遗嘱的，按照遗嘱进行继承；没有遗嘱的，按照法定继承办理。现实情况中，由于马跃被害来得太突然，没有留下遗嘱。没有遗嘱的情况下，根据继承法这一类情况都应当按照法定顺序进行继承，而法定继承的第一顺序：配偶、子女、父母。并且，根据婚姻法，夫妻共同财产归夫妻共有，如果一方去世，那么，共同财产中的二分之一将作为被继承人的遗产进行分割，其余部分按照法定继承人顺序均等分割。

假离婚的上门女婿

关键词　协议离婚　假离婚

人到中年的葛志强是一个上门女婿，他的老丈人是一位有名的大老板，身边的人都以为他沾了老丈人的光。其实，葛志强是有苦说不出，这上门女婿不好当，家中无地位，讲话无分量。这还不算什么，最让葛志强不能忍受的是，他竟然被老丈人赶出了家门，不允许见妻子，不允许见儿子。2017 年 6 月 17 日这天，葛志强一个人喝闷酒，越想越生气，借着酒劲，带着匕首，来到了岳父岳母家。葛志强见岳母开了门，扯着嗓门说："妈，我要见媳妇赵莹，还有儿子亮亮！"岳母没好气地说："你别叫我妈，我不是你妈，她娘儿俩也不愿意见你！"说着就要关门，葛志强用力推开房门，硬往屋里闯，岳母拦着就是不让进。葛志强急红了眼，立马掏出匕首扎向岳母，见岳母没了气息，惊慌失措，逃离现场。那么，岳母为什么不让女婿进家门呢？女婿又因为什么深仇大恨将岳母扎死？这事儿还得从葛志强怎么成为上门女婿说起。

葛志强年轻的时候，经常跟着表舅张欢在工地干活，工地老板赵东昌有一个独生女叫赵莹。赵莹是家中的娇小姐，从小衣食无忧，一切都被父母安排得妥妥当当，赵莹对父母也是言听计从。赵东昌夫妇一直想物色一个听话的上门女婿，觉得男方家里穷点没关系，只要将来能照顾好女儿，不让女儿受半点儿委屈，能像他们一样照顾女儿，就心满意足了。

有一次，赵东昌和张欢喝酒聊天，说起招上门女婿的事。张欢一直想攀赵东昌这个高枝，于是连忙告诉赵东昌：我有个远房亲戚，叫葛志强，挺符合您的要求。小伙子就在工地上干活，农村人，老实本分，大高个，人长得也不错，因为家里穷，高中毕业后就跟我出来打工了。赵东昌记在心里，饭后暗中观察葛志强，觉得小伙子还可以，于是又让张欢安排一下见面时间，一起聊聊。

张欢暗中欢喜，连忙把葛志强叫到身边说：表舅给你找了一个美差，不用卖力气，一下子就能变成有钱人，愿不愿意干？葛志强用半信半疑的眼神看着表舅问：什么美差？张欢把嘴凑到葛志强的耳边小声说：当上门女婿。葛志强一听就笑了：表舅，你又拿我开玩笑呢？我要啥没啥，人家能看上我？别拿我开玩笑了。张欢劝道：这事儿靠谱，我在老板面前可没少夸你。想当这上门女婿的人多了，你可别不识抬举。你就算帮我个忙，好歹去见一面。在张欢的劝说下，葛志强去了老板赵东昌的办公室。这天，赵东昌夫妇俩都在，详细地询问葛志强家里的情况，葛志强一五一十地回答了。赵东昌夫妇觉得这小伙子真挺老实本分的，人长得也精神，基本符合要求。就这样，葛志强通过了赵莹父母的"面试"。一周后，赵东昌安排女儿和葛志强在公园见面。一见面，两个人很快对彼此产生了好感。赵莹比葛志强小一岁，长得娇小甜美，散发的淑女气质让葛志强耳目一新。而农村长大的葛志强有着赵莹从来没有接触过的纯朴气息，赵莹也挺喜欢这个皮肤和土地一样颜色的男孩。交谈的话题都是彼此从来没有听过、见过的新鲜事。两人有说有笑，越聊越有感觉。

一年后，两人在赵东昌的安排下结了婚，葛志强入赘到了赵家，户口也转到了赵家。自此，葛志强的生活发生了巨大转变，用表舅张欢的话说，傻小子一下翻身成白领了。葛志强不再做工地上的脏活累活，赵东昌给葛志强安排了一个经理助理的职位。由于葛志强不会用电脑，不懂专业知识，一切都要从头学起，进步一直很慢，言谈举止也不得体，不合时宜。经理知道葛志强是老板的女婿，也不好说什么，平时只给他安排一些闲散的跑腿活儿，重要的工作从来不敢让葛志强做。就这样，葛志强成了单位里整日无所事事的人，隐隐约约听到有同事在背后指指点点，总感觉别人在说他吃软饭，这令葛志强很不舒服。对于家里的生活，葛志强也不适应，从小到大都过着日出而作、日落而息的生活，可到了赵家，家里人都是早上睡懒觉，晚上夜生活很热闹，生活起居始终不在一个节拍上。人际交往就更让葛志强犯愁，赵家是个大家庭，七大姑八大姨不说，各种亲戚朋友之间还有着复杂的关系。本来从农村出来的葛志强就不太懂得社交礼数，现在却要应付各种场面。起初，葛志强以为只是一些简单的吃饭聚会，总会表现得热情豪爽，敬酒、夹菜、招呼客人。可是，看了几次老丈人的眼色后才知道自己做得很不得体，可具体怎么改，葛志强也搞不清楚。渐渐地，葛志强开始回避亲朋之间的来往，可赶上一些特殊场合，岳父一定要让他出席，弄得葛志强筋疲力尽。赵东昌对葛志强还有一个要求，既然是上门女婿，就不准三天两头回老家。于是，葛志强一年当中也就春节才回家看看父母，这让葛志强感觉内心很压抑。

日子就这样似乎总有点不合拍地过着，但小两口的生活还算和谐，虽然有时候也有磕绊，但葛志强处处哄着、让着。一年半后，赵莹生了一个大胖小子，乳名叫亮亮。亮亮满月那天，岳父在五星级酒店大摆宴席，请了很多亲戚、朋友和生意伙伴，唯独没有请葛志强的家人，葛志强对此非常不满。晚上赵莹见葛志强一直不高兴，就凑上前说：今天儿子满月，你怎么不高兴了？葛志强说：今天来了那么多客人，却没有一个是我的家人。我想好了，孩子一百天的时候，要带回老家办。赵莹没有回应。

两个月后，葛志强带着儿子回到老家，大摆酒席。在村里人看来，葛志强真是有钱了，从一个穷小子变成了大老板。但实际上，只有葛志强知道，他这结婚一年多，没给过父母一分钱，就连这次办百天的钱还是从工资里省下的。酒席结束，一家三口没做停留，就往城里赶。一路上，赵莹很不高兴：你看你在村里人面前的样子，跟一夜暴富的土豪似的，你就不能不那么虚荣吗？这句话戳中了葛志强的心，一下子来了气：凭什么你们有钱人就能花钱大手大脚，我摆个酒席就虚荣了？我还一夜暴富了？我富了吗？我在你们家受多大的委屈，你难道不清楚吗？赵莹反问：委屈？你吃我们家的，喝我们家的，我爸还给你安排工作，啥活不干，白拿工资，你说你哪儿委屈了？葛志强被噎得无话可说。这次吵架后，葛志强和赵莹的关系开始变淡起来，一有时间就找以前打工时结交的朋友喝酒，打打牌，小赌几把。葛志强每次喝完酒回到家中，已经很晚，赵莹反锁卧室房门，葛志强只好睡在客厅的沙发上。

2016 年 1 月的一天，葛志强接到部门经理打来的电话，说有一个很急的合同要签，人手实在是安排不开，决定派葛志强到南方出差，和客户签约。经理反复交代后，葛志强带着合同章出发了。客户是个精明的南方人，一顿好酒好菜招待，就签了合同。回到单位后，葛志强被岳父臭骂了一顿。原来由于葛志强不懂专业知识，签错了合同，导致公司损失了几十万元，赵东昌一怒之下开除了葛志强。一下没了工作，葛志强每天无所事事，除了喝酒就是打牌。日子一长，输光了攒的钱，开始伸手向妻子要。看着浑浑噩噩过日子的葛志强，赵家对葛志强开始心存不满，不理不睬，并限制其日常开销。赵东昌夫妇越来越后悔招了这么个没出息的上门女婿。葛志强也在琢磨，这样窝囊的日子什么时候是个头儿？自己怎样才能改变命运混出个样子来？要是能有一笔资金就好了，可以干点儿事，掌握自己的命运。他本来也就这么一想，哪知机会还真来了。

2016 年春节刚过，葛志强接到父亲打来的电话，兴奋地说老家的房子马上要拆迁，回家一起商量商量。葛志强急忙赶回家，一到家就被父亲拉到床边。父亲说：听说这次拆迁有优惠政策，按人头给补偿，人多就多给，人少就少给。你看你的户口也迁出去了，你在他们赵家这几年也没给我们挣过啥钱，这到了拆迁的时候，你还不帮父母一下？葛志强一边听，一边点头，可又叹了口气说：爸，我知道这几年没给家里出过力，出过钱，亏欠你们。可是我自己也没什么能力，也没什么钱。我想帮家里一把，也帮不上啊！葛志强的父亲说：你看，亮亮怎么也是咱们葛家的血脉，要是你和亮亮的户口能迁过来，就能多分钱。等拆迁款一下来，分你和亮亮一笔，到时你就可以拿着这些钱做点生意，多好。葛志强无奈地说：这话说得是好，可是我当初已经跟赵家说好了，做上门女婿，把户口迁走，这迁户口的事是赵莹他爸办的，如今再弄回来，恐怕不好办。见葛志强犹犹豫豫，父亲连忙劝道：哎呀，这不是暂时的吗？等搞定拆迁这事，再把户口迁回去，为了我，也为了你和亮亮，回去和老丈人好好沟通一下。这是一笔不小的拆迁款，葛志强决定试试。

回到家，葛志强把老家拆迁的事告诉了赵莹，一向没有主见的赵莹没有说行不行，只是说：这事我帮不了你，当初说好了你做上门女婿，现在又要把户口迁回去，那派出所又不是我们家开的，能不能办成，我也不知道，你还是去问问我爸吧。赵莹不出面，葛志强只好自己去和岳父商量。赵东昌听了葛志强的事，为难地说：你不但要把自己的户口转走，还要把我外孙的户口转走？这户口的事有多难办，你难道不清楚？现在的政策可不像以前那么宽松了，况且当初帮我转户口的那个朋友已经退休了，这事儿恐怕不好办。听岳父这么一说，葛志强垂头丧气地走了。

葛志强本以为转户口的事没希望了，没想到，一个星期后，岳父的态度突然有了转变。这天，一家人聚在一起吃晚饭，岳父主动问起了葛志强老家拆迁的事情，葛志强觉得奇怪，就把大概情况又仔细讲了一遍。岳父想了想说：能拿拆迁款是好事啊，上次你说完这个事，我仔细想了想，又托人打听了一下，这户口现在是不好办，但是有人给出了个主意，可以办。葛志强眼前一亮，赶紧追问：啥主意啊？岳父说：我有一个民政局的朋友，他说现在有办假离婚的，这一办了离婚，户口转走就顺理成章了。本来他就那么一说，可我听着，这倒是个好办法。现在这个结婚、离婚的手续办起来太容易了，不用托人，还不用等。你办完了假离婚再去迁户口，等把拆迁的事办完了，拿到拆迁款，再和我女儿复婚。葛志强听岳父这么一说，觉得是这个理儿，结婚、离婚就是一张纸的事。孩子都这么大了，应该不会有什么闪失，葛志强欣然接受岳父的建议。于是，在岳父的帮助下，葛志强和赵莹很快就办了离婚手续，把自己和儿子的户口迁回了老家。

在葛志强看来，这只是一次为了多获拆迁款而进行的假离婚。事成之后，拿着这笔钱干一番属于自己的事业，让赵家人看看他葛志强不是没本事、吃软饭的人。为了配合拆迁办的调查工作，葛志强在老家一住就是半年，儿子亮亮则以在城里上幼儿园为由留在了外公外婆家。为了避免被别人发现假离婚的事，葛志强也很少联系老婆赵莹，偶尔通个电话，一直没有见面。半年后，葛志强顺利拿到了拆迁款，立马给赵莹打电话：莹莹，我这边钱已经拿到了，过几天就可以回去见你和儿子了，这笔钱够我做买卖了。可是，电话那头的赵莹却没有葛志强那么兴奋与期待，只是淡淡地说：哦，今天全家去海南度假，家里没人，你先别回来了。葛志强听了颇感意外，连忙追问：度假啥时结束？咱们抽个时间把结婚证办回来？赵莹没有直接回答葛志强的问题，只是说：我这边还有事，回头再聊。就匆匆挂了电话。对此，正在兴奋头儿上的葛志强没太在意赵莹的变化。殊不知，和赵莹复婚这事儿已经不可能了。

葛志强一边等待赵莹度假回来后复婚，一边筹备做小生意的事。这天，葛志强正在街上看门面房，突然发现赵莹和一个陌生男人从一家饭店里走了出来，谈笑风生，紧接着就上了那个陌生男人的宝马车。葛志强正打算走向宝马车，汽车已经飞驰而去。葛志强立马拨打了赵莹的手机，赵莹却说自己在帮爸爸接待一个外地来的客户，很忙，不方便说话，匆匆挂了电话。葛志强将信将疑，又给岳父赵东昌打电话，商量复婚的事，赵东昌说：我正在办一笔抵押贷款，家里的户口本拿出去用了，没有户口本你也办不了结婚证，先等等吧。葛志强就这样等着，却一直没有等来复婚的消息。没多久，葛志强又在街上碰见了赵莹和上次见到的那个男人在一起，两人表现得很亲密。葛志强立马冲上去拉住了赵莹的手说：莹莹，你这是干吗？怎么背着我跟别人在一起？他是谁？赵莹说：我跟你已经离婚了，我跟谁在一起，和你没关系。葛志强目瞪口呆地看着赵莹上了陌生男人的车走了。

葛志强似乎明白了什么，他直奔赵莹和岳父岳母居住的房子。当他掏出钥匙开门的时候，却发现门怎么也打不开，他拼命地敲门，开门的却是一个不认识的女人。一问才知道，这处房产已经卖给了别人，赵莹一家半年前就买了新房子，搬走了。得到这个消息，葛志强犹如五雷轰顶，他找到表舅，通过各种关系才打听到赵莹一家的新住处。葛志强来到赵家质问，得到的却是赵东昌冷冰冰的回答。其实，对这个入赘的女婿，赵莹一家人早就看着不顺眼了。赵东昌一家人觉得，葛志强就像“扶不起的阿斗”，整天游手好闲，无所事事，根本不是他们之前想找的那种优秀女婿。办完假离婚后，老两口认为女儿可以找个更好的门当户对的如意郎君。葛志强一直认为和赵莹的感情很好，但赵莹并不这么认为，当初结婚是父母一手安排的，后来发现葛志强有很多毛病，自己无法接受。当时葛志强提出假离婚时，赵莹是真的想离。葛志强这才明白，原来妻子一家早就嫌弃他了，走投无路之下，他决定将赵莹告上法庭，认为两个人是假离婚，要求撤销二人的离婚协议。那什么是假离婚？法律上能撤销两个人的离婚协议吗？

法律链接>>>

● 协议离婚

婚姻法第三十一条　男女双方自愿离婚的，准予离婚。双方必须到婚姻登记机关申请离婚。婚姻登记机关查明双方确实是自愿并对子女和财产问题已有适当处理时，发给离婚证。

假离婚是指夫妻一方或者双方本无离婚的真实意思而因双方通谋或受对方欺诈而做出解除夫妻关系的民事法律行为。在法律上，婚姻是自由的，婚姻自由包括结婚自由和离婚自由。民政部门对婚姻登记的审查实际是一种形式上的审查，只要当事人提供相应的证件和证明材料，双方就离婚达成一致意见，就应当为当事人办理离婚手续。本案中，葛志强与赵莹在办理离婚登记手续时，提供了相应材料，且双方均到场，都表示同意离婚并已对子女抚养、财产分割等问题达成一致处理意见，到民政部门办理了离婚登记手续，离婚证书就具有法律效力。即使夫妻双方为各种目的而离婚，但是离婚时的意愿表达也是真实存在的，离婚就是受法律保护的。所以要求撤销离婚登记的请求不能得到支持。夫妻双方一旦办理离婚登记后，婚姻关系就已解除，是否复婚，均由当事双方自愿决定。

看着复婚无望，又被赵家拒之门外，葛志强希望能够带着儿子回老家重新开始生活。于是，他又拨通了赵莹的电话，提出要见面谈谈孩子的事情，赵莹还是一贯的做法，让葛志强去找赵东昌谈。葛志强知道赵东昌的强势，电话里绝对谈不成，就直接来到了赵东昌的公司。以前作为赵家的女婿，葛志强在公司都是随便进出的，可这次刚到门口就被保安拦住了。原来，赵东昌早就交代了公司的员工不许葛志强再进公司的门。门卫说：这是老板交代的事，是我的饭碗，我必须照办，你不能进，有事给老板打电话吧。葛志强看见赵东昌的车停在院里，知道赵东昌一定在公司，就拨通了电话，可是赵东昌根本不接。葛志强非常气愤，和门卫争吵了起来，最后大打出手，被保安赶了出来。

这次事情以后，葛志强更加郁闷了，借酒消愁。葛志强觉得自己就像是个小丑被赵东昌一家戏弄了。2017 年 6 月 17 日，内心充满恨意的葛志强带着匕首，来到了赵莹家中，被赵莹的母亲挡在了大门外，酒后的葛志强恼羞成怒，于是发生了案例开头将岳母捅死的那一幕。事发后，赵东昌马上打电话报了警，公安机关立即展开追捕，第二天在长途汽车站将葛志强抓获。到案后，葛志强如实供述犯罪事实，悔恨不该冲动。2018 年 1 月 22 日上午，法院对这起因假离婚引起的凶杀案件进行宣判，认为葛志强构成故意杀人罪，判处死刑，剥夺政治权利终身。

案件感言：假离婚的风险与建议>>>

这起假离婚引发的恶性事件对双方家庭来说，都是一场灾难。假离婚的背后，大多隐藏着一些不为外人所知的“秘密”，通过“假离婚”可能确实得到了一些利益，但相比收益来说，风险更大。假离婚的风险主要在于“弄假成真”和“人财两空”。具体来说，一是婚姻关系的解除。只要夫妻双方办了离婚手续，夫妻关系就不存在了，即使两人住在一起也只是同居关系。二是在办理假离婚过程中，一些当事人自认为是假离婚，所以对财产的处理、子女的抚养等方面的约定很随意，甚至一些房产限购城市，夫妻为取得买房资格而离婚，将原有房产全部归一方所有，结果离婚后一旦对方反悔不复婚，那也只能依照离婚协议的约定进行处理，对另一方相当不利。同时，2018年31个国家部委联合印发《关于对婚姻登记严重失信当事人开展联合惩戒的合作备忘录》，提出加大对婚姻登记领域严重失信行为的惩戒力度。在此，我们建议应通过合法合理途径解决问题，而非“假离婚”，一方面，可以维护婚姻的庄重性，塑造良好的婚姻家庭风气，为孩子树立榜样；另一方面，也可以避免不必要的法律纠纷，最后落入人财两空的境地。

别伤了孩子

关键词　欺诈性抚养　亲子鉴定

2018 年年底，对王成来说可谓是双喜临门，既喜得贵子，又升职加薪。可就在儿子满月酒席上，突然冒出个五六岁的小男孩，跑向王成叫爸爸。王成当时就蒙了，王成的妻子和在场的所有亲朋好友也都愣住了。这个小男孩是谁？为什么管王成叫爸爸？

王成的妻子质问王成这到底是怎么回事儿？对此，王成啼笑皆非，一脸的无辜。他摸着小男孩的头问：你叫什么名字？是谁带你来的？认识我吗？为什么管我叫爸爸？小男孩说：是我爸爸带我来的，爸爸说了，我叫你爸爸，妈妈就会回来。小男孩说完，就跑到饭店门口一个中年男人跟前。很显然，这个中年男人，就是事件的幕后指使者。可王成根本就不认识这个不速之客，他为什么在王成儿子满月的宴席上，带个孩子来捣乱呢？王成向门口那个陌生男人走去，他要问个究竟。

门口站着的这个中年男人，一脸的怒气，还没等王成开口，挥手就是一拳，打得王成鼻子冒血。王成恼羞成怒，还手反击，两人扭打在一起，吓得刚才那个小男孩坐在地上“哇哇”大哭。屋里的人听到外边的动静不对劲，纷纷跑了出来，把二人拉开。怎么回事儿啊？这王成在外边得罪谁了？

一群小伙子摩拳擦掌，想揍那个陌生中年男人。王成的父亲是个通情达理、见多识广的人，他劝大家冷静下来后对陌生中年男人说：今天当着亲朋好友的面，你得把事情讲清楚，你干吗打我儿子？王成哪里得罪你了，要在我孙子的满月酒宴上捣乱？那个陌生中年男子见老人这么说，气愤地回应：

问问你那有出息的儿子就全明白了！王成在一旁说：你是要饭的还是来碰瓷的？这小孩我压根不认识，你让他来管我叫爹，你这是在搞什么鬼？中年男子问：那我问你，你认不认识黄悦？你们做过什么见不得人的事，你会不记得？不然这孩子哪儿来的？还有脸办满月酒？你骗了多少女人？这话越说越难听，大家却越听越糊涂了。王成的妻子小雪面对此情此景，就像自己做错了什么事儿似的，满面通红，一脸的尴尬。王成听到黄悦这个名字，心里一震。父亲问他认识黄悦吗？当着妻子的面，王成想都没想就说不认识。别看他回答得理直气壮，其实，王成脑子里一团乱麻。

这个大闹王成儿子满月宴席的中年男人叫邓刚，他的妻子叫黄悦，这个小男孩今年5岁，叫南南，原本是个非常幸福的三口之家。可是，去年邓刚的妻子黄悦被诊断得了癌症，上个月黄悦突然去世，这让丈夫邓刚非常痛苦，儿子南南也天天喊着找妈妈，一家人陷入悲伤之中。就在上个星期，邓刚收到了妻子黄悦留给他的一封网络遗嘱，是妻子黄悦病重期间早就写好了这封信，交给专业的网站保管，双方约定等她去世后就发给她生前指定的收件人邓刚，于是就在黄悦去世后一个月左右，此邮件发送到了邓刚的邮箱。这份网络遗嘱虽然与遗产无关，却揭开了一个惊天秘密，南南并不是邓刚亲生的，邓刚崩溃了。黄悦告诉丈夫邓刚，南南的亲生父亲是她以前的同事，叫王成，并祈求丈夫的原谅。黄悦发誓，她所做的一切都是为了保住婚姻，她这一生只爱过一个男人，那就是邓刚。

黄悦与邓刚是大学同学，因邓刚家境富裕，人品较好，模样不错，当时是全班女生心目中的白马王子。可是这白马王子谁都不多看一眼，就相中了黄悦。黄悦大学毕业后，高高兴兴地嫁给了邓刚，一下子从贫穷的农村嫁进了大城市的富裕家庭，十分珍惜，夫妻俩婚后感情一直很好。

可是，黄悦既然这么珍惜自己的幸福，为什么会跟别的男人有了孩子呢？黄悦在遗嘱里解释说，在婚后很长时间里没有孩子，婆婆一直催着抱孙子。婆婆认为儿媳妇身体有问题，就下了最后通牒，再怀不上孩子，就必须离婚。可是经检查，是邓刚不能生育。俗话说，人无完人，事无圆满。就在你经过艰苦奋斗，觉得人生可以圆满之时，老天爷偏偏又给你打出个缺口。黄悦是个很要面子的人，她不愿意大学同学嘲笑她，当年费尽心机抢到手的白马王子竟然不能生育。邓刚也求她不要告诉妈妈，以免打击妈妈抱孙子的心。于是，黄悦偷偷给邓刚开各种药治疗，对外却一直隐瞒这个秘密，可是，怎么治疗也不见起色。黄悦为了保住这个家，为了保住自己的幸福，终于想出了一个不可告人的办法。

黄悦所在的贸易公司调来一个新同事叫王成，小伙子年轻帅气、单纯干练，嘴也特别甜，平时总是姐长姐短地围着黄悦转。黄悦人长得好看，又聪明，作为老员工也总帮着王成出谋划策。因而，王成很快适应了新工作，并干得不错，两人关系也处得很好。天下没有免费的午餐，黄悦这么帮王成可是有她自己的如意算盘。黄悦知道自己的丈夫治好的可能性非常小，王成年轻帅气身体好，如果借王成让自己怀孕，这辈子也就有个亲生孩子了，而且也保住了这个家。所以，借着一次单位出差的机会，黄悦准备开始她的计划。白天，她动用自己在当地的同学关系帮着王成签了一大单生意，王成喜形于色。傍晚，王成非要请黄悦大吃一顿不可，黄悦很痛快答应了，两个人聊得很开心，酒也没少喝。借着酒劲儿，孤男寡女互相示好，王成说："黄悦姐如果不是名花有主，我一定追你。"黄悦也说："如果我年轻几岁，一定等着你追。"回到宾馆，黄悦装着酒醉，让王成搀扶着到了自己的房间，正当王成准备离开之时，黄悦一把抓住了王成的手。王成是个单身小伙，哪儿禁得住这般诱惑。于是，几天的出差竟成了他们二人的蜜月之旅。也算黄悦运气好，就这几天真怀上了。黄悦的目的达到了，重要的是她如何瞒过自己的丈夫，瞒过自己的婆婆，还得瞒住王成，不能让王成知道她怀孕，避免以后纠缠不清。于是，她在发现自己怀孕后，找王成谈话，她以对王成的未来负责的口吻说：你还年轻，将来还得娶妻生子，我是有夫之妇，不可能离婚。我不能耽误你的一生，所以我们的关系到此结束，为了以后见面不难堪，我明天就去辞职。王成当初也是酒后冲动，出差回来后，也觉得这样的关系很尴尬很危险，见黄悦姐这么深明大义，十分感动，竟流下泪来。黄悦出差回来，就跟丈夫小别胜新婚般地缠绵了几天，然后，她就骗丈夫说他吃的药挺管用，病治好了。一个月后，黄悦在家里公布了怀孕的好消息，为了保住这个宝贝，黄悦决定辞职在家，做全职妈妈，邓刚十分高兴。婆婆听说黄悦怀孕了，开始疼爱有加，精心伺候。尤其孙子南南出生后，几乎都是奶奶亲手带着。这么多年丈夫一直信以为真，婆婆也从未怀疑过。黄悦辞职后，怕王成打扰她的生活，也怕王成怀疑她怀孕的时间，最后连手机号都换了。真可谓是机关算尽，天衣无缝。黄悦为自己的聪明，沾沾自喜。可是，每当看见丈夫邓刚那么爱自己的儿子，却也总有一丝愧疚和担心。

人算不如天算，天有不测风云。黄悦竟得了癌症，她最放不下的就是亲生骨肉南南，但又没有勇气在自己活着的时候说出真相。可是将来丈夫还会娶妻生子，就会发现其实自己不能生育，南南不是亲生的，到那时，万一丈夫不管南南了怎么办？她担心南南的身世早晚会暴露，到那时南南连亲生父亲是谁都不知道了。

于是，癌症晚期的黄悦趁着自己还能动弹，写下了这份遗嘱，遗嘱中明确表示，南南不是邓刚亲生，希望他看在夫妻这么多年的情分上，不跟她这个死去的人计较。同时，还请求邓刚帮助南南去找他的亲生父亲——王成。

邓刚知道这个天大的秘密后非常气愤，他首先想到要去找孩子的亲生父亲王成讨个公道。让自己戴了这么多年“绿帽子”，邓刚这么多年和母亲一起一把屎一把尿拉扯大的竟然不是自己的亲生孩子，无论如何邓刚也咽不下这口气！

于是，他四处打听，终于打听到王成要在饭店给刚出生不久的孩子办满月酒的消息，便借着南南天天哭闹着找妈妈，骗南南说，我带你去找一个人，你只要管他叫爸爸，你妈妈就会回家看你。孩子思念妈妈心切，信以为真，这才上演了开头王成酒宴上“孩子叫爸爸”的那一幕闹剧。

可是，王成竟然矢口否认认识黄悦，邓刚一听就更来气了：你小子甭想赖账。你敢说你不认识黄悦？你跟黄悦以前是不是同事？你们偷情，我给你们养孩子，这太欺负人了，你得给我赔偿物质损失，还有精神损失。他随手把抽泣的小男孩往王成身上一推，差点把孩子摔倒。王成感到莫名其妙，自己曾经与前同事黄悦好过是不假，可黄悦很快就辞职了，也没有再来往，哪儿可能会有什么孩子，这就是讹人来了。他气愤地把孩子往邓刚身边一推，说：你从哪儿拐来的孩子？拿孩子骗钱？我不认识你，也不认识什么黄悦，你赶快离我远点，不然我可不客气。小男孩被王成推了一个大趔趄，倒地大哭，邓刚见了竟然无动于衷，一脸无所谓的表情。

正在此时，门外，一个六七十岁的老太太急匆匆地跑进来，见到孩子坐在地上哭，伸手就把孩子扶了过来，哭着说：你们别伤了孩子。这是我的宝贝孙子，你们都不要，我要。南南不哭，跟奶奶回家。小男孩趴在奶奶怀里，哭得更委屈了。这老太太不是别人，正是邓刚的母亲，她是听说孙子被儿子带走了以后找了过来。她的突然出现，大家都愣了，来不及反应。

奶奶气冲冲带走了孩子，邓刚见此情景也追了出去。留下王成一大家子人，七嘴八舌，议论纷纷。王成的妻子小雪一直抱着小宝宝在一旁哭泣，她怀疑，王成可能在娶她之前有婚史，或者确实曾经乱搞男女关系。不然，人家一家老少不会跑到这儿来大闹一场。

王成妻子小雪在亲朋好友面前丢尽了脸面，回家就跟王成吵了一架。王成开始死不承认，直到后来邓刚把黄悦的网络遗嘱传来，王成才觉得这事不好办了。这些年，他曾后悔过当初的无知冲动，也曾思念过黄悦的美好，最让他不解的是黄悦突然辞职后杳无音讯。看了遗嘱后王成全明白了，黄悦不过是利用他生孩子，自己竟蒙在鼓里，知道真相后王成恨黄悦欺骗了他。于是，在父母紧逼和妻子大闹之下，不得不承认自己 6 年前确实犯过一次错误，但那时自己年轻，禁不住黄悦勾引，才犯下不可饶恕的错误。但确实像黄悦遗嘱里说的那样，仅此一次，再无来往。他也不知道黄悦会怀孕，还生下了孩子。同时，王成信誓旦旦地向妻子小雪保证，他那时还不认识小雪。自打认识小雪后，他从没背叛过小雪，从没干过任何对小雪不忠的事，请小雪相信他们之间的爱情。话是这么说，人在气头上，谁会相信这个自己深爱的丈夫，刚刚为他生儿育女的丈夫，竟然冒出个 5 岁的儿子。夫妻的信任一旦被打破，想修复成原来的样子，就很难了。小雪一气之下，抱着宝宝回了娘家。临走，扔下一句话：你自己惹的祸你自己处理！

王成不同意领走孩子，也不肯给赔偿。邓刚一纸诉状把王成告到法庭。要求王成承担抚养南南的所有费用20万元，并要求精神损害赔偿10万元。

王成认为当初发生一夜情是不应该，但没有我的同意，黄悦就私自生下孩子，这么大的事欺骗我，应该黄悦自己承担责任才对，我也是受害者。本来自己一家人过得好好的，突然天上掉下了一个5岁的儿子，仅凭黄悦留下的一封网络遗嘱，就说孩子是我的，让我来承担孩子今后的抚养费，还赔偿精神损失！承担这份责任，王成是心不甘情不愿的。

打官司要靠证据，邓刚这边第一份证据是一份妻子留下的网络遗嘱，证明孩子是王成的；第二份证据是邓刚在开庭前做了亲子鉴定。经鉴定，排除邓刚与南南的亲子关系，也就证明南南并非他亲生；第三份证据是他偷拍的王成的照片，证明南南的相貌与王成极为相似。可是，在法庭上王成却拒绝做亲子鉴定。法官说现在被告王成不同意鉴定，因为这种鉴定有高度的人身属性，不能强迫被告去做亲子鉴定，这可怎么办呢？这不就成了僵局了吗？案件仿佛又走进了死胡同，在满足一定条件情况下能否推定亲子关系成立呢？举证责任怎么分担呢？最高人民法院关于适用《中华人民共和国婚姻法》若干问题的解释（三）第二条第二款规定，当事人依法起诉请求确认亲子关系，并提供必要证据予以证明，另一方没有相反证据又拒绝做亲子鉴定的，人民法院可以推定请求确认亲子关系的依法的主张成立。

法点释义：欺诈性抚养>>>

所谓欺诈性抚养，是指在夫妻关系存续期间乃至离婚后，女方故意隐瞒其子女非与男方所生之事实，使男方误将子女视为亲生子女予以抚养的行为。

江苏省高级人民法院在2019年7月下发的《家事纠纷案件审理指南（婚姻家庭部分）》第十四条规定：在构成欺诈性抚养的情形下，男方能否主张返还给付的抚养费并赔偿精神损害抚慰金？抚养费和精神损害抚慰金的数额应当如何确定？

女方隐瞒子女与男方无亲子关系的事实，使男方实际履行了抚养义务，构成欺诈性抚养侵权行为，离婚时或者离婚后男方主张返还给付的抚养费并赔偿精神损害抚慰金的，可以支持。

在确定抚养费返还数额时，男方应当对抚养费给付情况承担举证责任。确实无法举证证明的，可以参照《最高人民法院关于人民法院审理离婚案件处理子女抚养问题的若干具体意见》第七条的规定，根据子女的实际需要、男女双方的负担能力、婚姻关系存续期间双方的经济收入、离婚时共同财产分割情况、当地的实际生活水平等酌情判定。

精神损害抚慰金的赔偿数额可以依照《最高人民法院关于确定民事侵权精神损害赔偿责任若干问题的解释》第十条的规定确定。

最终，法院判决，推定王成与南南之间具有亲子关系，王成应当承担对南南的抚养义务，返还抚养费6万元并赔偿精神损害抚慰金2万元。

南南的奶奶得知一审判决结果后十分伤心，一想到再也见不到自己的孙子了，哭得老泪纵横。一直埋怨邓刚傻：“你偏要去打什么官司，要什么钱，咱家缺这几万元钱吗？养南南5年不是钱的问题，你送走了我的心头肉，你又不能生育，你若不告诉南南，南南一辈子也不知道啊，将来照样给你养老送终，你这是想气死我呀！”老人越说越伤心。说心里话，邓刚气归气，毕竟南南抚养了5年，也很有感情，真的要离开他也舍不得，再说他没有生育能力，有这么个孩子在身边也挺好；而王成那边从感情上和客观条件上都没有做好接纳这个孩子的准备。

一审判下来以后，事情好像明确了，亲生父亲领走亲生儿子，倒是理所应当了。可是，王成妻子不能接受，她无法面对自己的丈夫和别的女人生的孩子，更不愿意协助丈夫去承担抚养义务。

问题还不仅仅在王成妻子小雪这一头儿，邓刚的母亲也不干。虽说当时看到黄悦的遗嘱，心里也很难受，自己手把手拉扯大的孙子南南，竟然不是儿子亲生的。但当她听说儿子邓刚真要把南南送给王成时，她又心疼了。毕竟是她自己带大的孩子，当宝贝养了5年，奶奶的心头肉啊。孩子是无辜的，黄悦这事办得是可恨，可是自己的儿子确实不能生育，将来再娶媳妇也没用。南南虽不是亲生的，但毕竟是自己从小带大的，有感情，比再收养别的孩子要好得多。老太太还是坚决要把南南留下，这回邓刚倒为难了，孩子已经判给王成了，再找王成把孩子要回来，这更没面子了。就在邓刚左右为难的时候，事情有了转机，王成上诉了。

王成没能做通老婆的工作，不承认南南是自己的儿子，不同意抚养南南。王成是通过二审拖延一下时间，看看能不能再和邓刚商量一下孩子的事情。

案子到了二审，法官做了大量的调解工作，重点考虑的是未成年人的健康成长。在二审中法官释明，这孩子的亲生父亲是谁，谁就应当承担抚养义务，这是法律规定的责任。但双方如果从孩子的角度考虑一个解决方案，符合法律规定，各方都满意，孩子利益最大化，法律也是允许的。

这时，所有人都想到了南南。南南5岁就没了妈妈，非常可怜，天天晚上哭着找妈妈，经常在梦中惊醒。那天，邓刚带他去饭店，让他管一个陌生人叫爸爸，他虽然不愿意叫，但为了能见到妈妈，他还是去了。可是，后边从大人的吵闹中，他好像明白了一些事情。自己的爸爸不是亲爸爸，那个陌生人可能是亲爸爸，在大人的争吵中，南南感觉到自己是个没人要的孩子。所以，南南非常害怕，害怕被抛弃，他就怕离开家，离开奶奶，天天躲在奶奶的身边，死活不去幼儿园，生怕被爸爸送走。看到南南可怜的样子，邓刚也后悔了，光想着自己出气，没有考虑孩子的感受。养了5年的孩子，要是真离开自己也很难受。南南要是去了王成那边，王成一家人会怎么对待南南都很难说。冷静下来想想，自己还是有些冲动鲁莽，母亲坚持把南南留下的意见还是有道理的。

二审调解过程中，邓刚提出可以继续抚养南南长大成人，但是提出要办正式的收养手续，收养关系成立后，南南就与王成没有关系了。对于之前的付出，王成同意按照一审判决的结果一次性支付，将来南南由邓刚抚养并协助办理收养手续。

法律链接>>>

● 收养的条件

收养法第六条　收养人应当同时具备下列条件：

无子女；

有抚养教育被收养人的能力；

未患有在医学上认为不应当收养子女的疾病；

年满三十周岁。

事情至此算是有了圆满的解决，但生活还在继续。双方达成协议后，王成向邓刚道歉，感谢邓刚一家愿意将南南抚养成人。黄悦一手策划的闹剧，伤害了两家人，好在孩子最终有了一个妥善的安排，把对孩子的伤害降到了最低。

案件感言：别伤了孩子>>>

当今社会，两性关系已经不再简单，即使是在一夫一妻制的约束下也常出现“纰漏”。婚外性行为的增加，导致司法实践中欺诈性抚养的个案在不断增长。受欺诈方通常是男性，当发现抚养多年的孩子不是自己亲生的，打击是非常大的。笔者曾经代理过相关案件，孩子已经上初中了，发现不是亲生的，男方已年过半百，错过了生育抚养孩子的最佳时机，虽通过诉讼离了婚并主张返还抚养费和精神损害抚慰金，但是一辈子没有自己亲生的孩子对于男方来说是终身的遗憾。笔者还曾代理过男方抚养双胞胎的案子，为照顾孩子男方倾注了大量的情感和精力，孩子都要上小学了，发现孩子越来越不像自己，因妻子在外不检点也有一些风言风语，男方带孩子做了亲子鉴定，确认孩子不是自己的，找妻子算账，妻子竟然不知道孩子的亲生父亲是谁。

这种案件比一般的婚外情对婚姻的打击更大，直接导致婚姻无法挽回。最大的问题就是孩子怎么办？法律可以划清责任义务，亲生父母对孩子的抚养义务是法定的，非亲生的一方没有抚养义务。实践中孩子的问题特别难处理，有的亲生父亲有自己的家庭不想抚养；有的甚至不知道孩子亲生父亲是谁。混乱导致纠结，孩子是无辜的，大人的世界，不论做什么，都应该首先想到，不要伤了孩子，妥善处理好孩子以后的抚养问题。步入婚姻就应当选择自律理性的生活，对待孩子更应持负责到底的态度。

赢了事业输了妻

关键词　婚外情　抚养权变更

2017年夏天，公司老板李明召集各部门负责人开会，正在讨论一个关乎企业生死存亡的重大项目。门卫小刘突然闯进来送快递，李明狠狠瞪了他一眼，准备把不识趣的小刘骂出去，只见小刘一脸无辜地说：老板，这不是普通的快递，上面写着“紧急机密”，要您亲启，我怕误事，才送过来的。说罢就把快递递给李明匆匆离开了。李明接过快递，迟疑片刻后决定打开。快递被拆开的那一刻，李明的脸色顿时变得难看起来，手开始不停地发抖，嘈杂的会议室瞬间安静下来。此时，李明突然站起来说了句“散会”，就匆匆离开了会议室。会议室顿时炸开了锅，老板出啥事了？这么重要的会议说不开就不开？快递里装的是啥？

原来，这封快递里装的是一张让李明恼羞成怒的照片，照片上是他的妻子夏冬梅穿着十分暴露的泳装和一个陌生男人在一起游泳。陌生男人是谁？两人发展到了什么程度？李明不得而知，决定先弄清楚快递是谁寄的。奇怪的是，李明按照快递上留的电话打过去，竟然是个空号，看来快递上留的寄件人电话和地址都是假的。李明把门卫小刘叫到办公室核实，小刘说他记不起来送快递的长得什么模样，每天送快递的人太多了。因为这封快递上的“紧急机密李明亲启”八个大字引起了他的注意，才闯进会议室送了进来。至于寄件人到底是谁，为何留下假的联系方式，小刘也一无所知。李明想查清楚却无从下手，打算先开车回家探个究竟。

回家的路上，李明心情很复杂。和妻子一路走来经历了各种磨难，好不容易日子好了，妻子怎么会突然背叛自己呢？两人是大学同学，当时夏冬梅是校花，家境也不错，追求者甚多。李明虽然家里穷，但学习成绩非常好。两人在图书馆相识、相恋。大学四年，李明一直用心陪伴夏冬梅，呵护备至，打败了所有情敌。毕业后，李明选择去南方经济发达的城市打拼，在一家跨国公司从事医疗器械销售工作。而夏冬梅是独生女，父母的掌上明珠，老两口不愿女儿在外吃苦，希望女儿回老家发展，而且还给女儿找好了工作，但夏冬梅最终决定跟李明在一起，李明大为感动。一年后，两人领了结婚证。李明打工积累了不少经验和资源后决定创业，但是资金是个问题。于是，夏冬梅说服了自己的父母出资协助李明。起初，夫妻俩一起努力创业，公司步入正轨后，夏冬梅有了生孩子的打算，生了一儿一女。自此，夏冬梅在家专心带孩子，做了全职太太。而李明仍旧没日没夜地工作。六年的奋斗，公司业绩连年翻番，买了房买了车，赚的钱都交给妻子掌管。日子过得好好的，妻子怎么就出轨了呢？寄照片的人到底是谁？是何居心？

李明的车急速行驶，不到半个小时就来到了家门口。别墅的大门紧锁，他悄悄地站在门口听了听动静，没发现什么异常情况。刚要进门，和妻子撞个满怀。只见妻子打扮时尚，戴着遮阳帽，穿着超短裙和红色高跟鞋正要出门。李明的突然出现，让夏冬梅很意外，因为李明平时很晚才回家，今天怎么中午就回来了？两人都惊讶地看着对方，一语不发。夏冬梅先开口说：今天这么早就回来了？鬼鬼祟祟的干吗呢，吓我一跳！李明一脸严肃地把妻子拉进屋里说：我鬼鬼祟祟？你做贼心虚吧！说完就把刚收到的游泳照片拿给妻子看。李明没想到妻子看了照片后表现得非常淡定。质问李明：这照片是哪儿来的？李明头都要气炸了，大声说：你还有脸问我照片哪儿来的？这照片上的男人到底是谁？夏冬梅冷笑道：这人是游泳教练。咱们两个孩子都上幼儿园了，我白天去学游泳怎么了？想带你一起去，你这大老板也没空陪我啊。你这大惊小怪的，就是为了这个？李明仔细看了看照片，除了泳装的款式暴露些，确实没有啥过分的地方。李明被妻子奚落了一番后，开始怀疑自己是不是想多了？

但是，妻子今天打扮得如此妖艳是准备去哪儿呢？李明的疑虑没有完全消除，决定先不打草惊蛇，对妻子说：我知道你带俩孩子辛苦，学学游泳没有坏处，你出去吧，我在家歇会儿。夏冬梅没多想就出了家门，而李明则悄悄地在后面尾随，想看看打扮得花枝招展的妻子到底去干吗？夏冬梅走进了一家超市后躲在角落拨打电话，挂了电话后买了几个番茄和一袋面包就往家赶。李明越来越不明白，盛装打扮，就为了逛超市？那个男的真的是游泳教练吗？李明决定查个水落石出。

这天下午，李明告诉妻子，因公司业务繁忙，需出差一个礼拜，并要求妻子开车送自己到机场。夏冬梅以为李明真的登机了，实际上李明并没有走，想用一个礼拜的时间看看妻子每天都在干什么，到底有没有外遇？李明找了一辆面包车，停在离家不远的地方，通过望远镜暗中观察妻子。第一天，李明一无所获。第二天一大早，他看到妻子送两个孩子去幼儿园后，有一辆轿车停到了自家门口，走下来一位中年男子，按了门铃，妻子迎进家门，拉上了窗帘。李明感觉情况不对，立马下车，用钥匙打开了房门。夏冬梅正在和男的亲热，没有听到开门的声音，被李明逮个正着。这男的不是别人，正是游泳照上的那个男人，他高大魁梧，比李明要年轻英俊。李明见状气得浑身发抖，狠狠打了这个男人一拳，然后呆坐在客厅的沙发上，心如死灰。夏冬梅惊慌失措，赶紧把那个男的推出家门，乞求丈夫的原谅。夏冬梅解释说，这个男的叫杨飞，两人从小一起长大，读大学之前一直都是同班同学，高考后各奔东西，杨飞去国外读大学，两年前回国发展，知道自己已经嫁人，就没有再联系。上个月，回老家参加同学聚会，偶然遇上杨飞，才知道这么多年杨飞对自己一往情深，念念不忘，仍旧单身。自己一时冲动才做了错事，保证以后和杨飞断绝来往，并愿意接受李明的任何惩罚。但是，夏冬梅的这番话并没有得到李明的原谅，李明是个传统保守的男人，还有点大男子主义，妻子的出轨让他感受到了奇耻大辱。要说李明的事业蒸蒸日上，儿女双全，夏冬梅还有什么不满足的，为什么会出轨呢？

其实，夏冬梅有自己的委屈。她原以为做全职太太会很幸福，谁知道婚后李明经常出差，心里只有工作，很少关心她和孩子，每天很晚才回家，吃完饭倒头就睡，每天说不上几句话。而夏冬梅整天在家就是洗碗、刷锅、照顾孩子，全职太太成了“全职保姆”，心中的苦和累无处诉说。偶尔跟李明发发牢骚，李明态度很好，满口答应多陪陪她和孩子，但没过几天，又回到了老样子。两个孩子先后上了幼儿园，夏冬梅便萌生出来工作的想法，却遭到李明的反对。李明希望夏冬梅把两个孩子教育好，不需要她赚钱养家。因此，两人开始产生矛盾。李明的生意越做越大，脾气也越来越火暴，开始对夏冬梅表达种种不满。夏冬梅觉得自己在家里越来越没地位，丈夫越来越不理解自己。为了家庭，放弃工作，过着单调无聊的生活，每天除了丈夫就是孩子。夏冬梅越来越不快乐，整天忙于工作的李明却没有察觉到妻子的变化，这给了杨飞可乘之机。

暑假，夏冬梅带着两个孩子回老家探亲，并参加高中同学聚会，正巧杨飞也在。夏冬梅向杨飞诉说全职太太的苦闷，转眼成了黄脸婆。杨飞却一直夸夏冬梅更优雅，更有女人味。久别重逢，杨飞感受到了多年不曾有过的喜悦，但也陷入了巨大痛苦之中。因为在杨飞心中，夏冬梅不仅是他爱恋的女人，也是他从小牵挂一起长大的亲人。夏冬梅对婚后生活的不满激起了杨飞强大的保护欲，两个月后杨飞换了工作来到夏冬梅所在的城市发展。一有时间就去看夏冬梅，带夏冬梅看电影、学游泳。不久，两人旧情复燃。谁承想，被李明察觉后故意设下圈套，逮个正着。杨飞本想就此表明态度，带夏冬梅离开，还没开口就被夏冬梅推出了家门。夏冬梅并不想离婚，她乞求丈夫原谅她，但李明是个非常要面子的人，无法容忍这样的背叛，当天就提出离婚。夏冬梅没有同意，自己对丈夫还有感情，两个孩子也需要有个完整的家。可是，这件事发生之后，李明经常翻旧账挖苦夏冬梅，甚至动手殴打。最终，夏冬梅答应协议离婚。儿子由李明抚养，女儿由夏冬梅抚养，女儿每月一万元的抚养费由李明支付，夏冬梅搬离现在居住的别墅，几乎是净身出户。

离婚后，李明请保姆照顾儿子，儿子整天哭着、闹着找妈妈，李明怎么哄都哄不好，晚上想睡个安稳觉都难。三个月内换了三个保姆，家政公司都没人敢接单了。李明无奈，只好把年迈的母亲从老家接来。孩子从小没有和奶奶在一起生活过，对于孩子来说，奶奶也比较陌生。培养感情也需要有个过程，老人不但哄不好孩子，还整天埋怨李明好好的日子不过，非得离婚，李明碍于面子没有说出离婚的真正原因。李明受不了母亲的唠叨，趁着农忙又把母亲送回老家。李明从老家物色了一个厉害的保姆，管教非常严，儿子不哭了，终于可以睡个安稳觉了！李明奇怪，这保姆用什么办法管住儿子的？这天，李明故意早点下班，偷偷趴在窗户边观察，发现保姆正在体罚儿子，不听话就掐大腿。李明立马进屋把保姆狠狠地批评了一顿。保姆解释说这孩子太淘气了，不这样管不住啊。李明说，那也不能打孩子，保姆保证以后坚决改正。离婚后这几个月，李明才体会到夏冬梅操持家务管教孩子的辛苦和不易。正是由于夏冬梅包揽了所有家务事，自己才能安心工作。李明觉得自己不是一个合格的丈夫和父亲，自己能有今天离不开夏冬梅背后的付出，婚姻不是每月把钱交到家里就行了，妻子和孩子都需要陪伴，夫妻感情也需要维护。结婚这么多年，确实忽略了妻子的感受，伤了妻子的心。夏冬梅是他这一生唯一真爱的女人，开始后悔一气之下和夏冬梅办了离婚手续。离婚后，家里空荡荡的，李明常常想起四口之家的幸福时光，想起妻子做的可口饭菜，还有儿女双全的天伦之乐。于是，李明动了复婚的念头，夏冬梅离婚后去了哪里？过得怎样？

自从被李明轰出家门后，夏冬梅带着女儿投奔了杨飞。杨飞不但百般呵护，而且对夏冬梅的女儿也非常疼爱，夏冬梅大为感动。与前夫李明相比，夏冬梅觉得杨飞更加绅士、贴心、浪漫。一个离异，一个单身，两人正大光明地恋爱起来，形影不离。李明得知后，后悔不已，以儿子想妈妈为由要求夏冬梅回家看孩子，想趁机提出复婚。令李明失望的是，每次前妻来看孩子，杨飞肯定陪着，根本不给自己单独和夏冬梅说话的机会。更过分的是，李明给前妻打电话时，接电话的总是杨飞。原来，杨飞发现李明离婚后态度有所转变，频繁联系夏冬梅，试图复婚，决定先下手为强，在夏冬梅生日这天送钻戒，求婚，随后办理结婚手续。李明得知后，如遭晴天霹雳，复婚没戏，由爱生恨，开始对杨飞恨之入骨，并拒绝夏冬梅探望儿子。那么，夏冬梅会就此罢休吗？离婚后，夏冬梅无时无刻不在牵挂着儿子，尤其是最后一次见面时，儿子亲口说，爸爸请的保姆打他。看到儿子日渐消瘦，夏冬梅心疼得夜不能寐。在杨飞的陪伴下，夏冬梅找李明理论，要求辞掉那个打孩子的保姆。李明却说：我愿意让谁当保姆谁就当，这是我的权利，你们管不着，爱上哪儿告上哪儿告去。离婚后夏冬梅可以主张变更抚养权，但要具备变更的情形。

法律链接>>>

● 子女抚养关系变更的情形

《关于人民法院审理离婚案件处理子女抚养问题的若干具体意见》第十六条：

一方要求变更子女抚养关系有下列情形之一的，应予支持。

（1）与子女共同生活的一方因患严重疾病或因伤残无力继续抚养子女的；

（2）与子女共同生活的一方不尽抚养义务或有虐待子女行为，或其与子女共同生活对子女身心健康确有不利影响的；

（3）十周岁以上未成年子女，愿随另一方生活，该方又有抚养能力的；

（4）有其他正当理由需要变更的。

无奈之下，夏冬梅只好向法院起诉，提出变更抚养权，李明坚决不同意。苦于没有证据，判决驳回了夏冬梅的诉讼请求，儿子继续由李明抚养。夏冬梅败诉后，非常失落。想儿子心切，夏冬梅开始到幼儿园偷偷看望，眼睁睁地看着那个讨厌的保姆每天接送儿子。这天放学，保姆来晚了，夏冬梅趁机把儿子接走。保姆赶到后被幼儿园老师告知，孩子已经被妈妈接走。保姆立刻打电话告诉李明，这可把李明给惹火了。李明打电话给夏冬梅，让她立刻把孩子送回来。夏冬梅在电话里苦苦哀求，让孩子在她那待两天，哪怕一天也行，李明始终没有答应。李明决定把儿子抢回来，但不知道夏冬梅的住址。李明想到早上夏冬梅肯定要送女儿上学，于是在女儿就读的学校附近暗中观察，等夏冬梅离开时在后面跟踪，跟到了夏冬梅所住的小区，趁夏冬梅打开门的一瞬间，闯了进去。李明看到儿子正在床上睡觉，抱起儿子就走，临走前警告夏冬梅，不要再打儿子的主意，否则绝不客气！为了防止儿子再次被夏冬梅抢走，李明决定暂时不让儿子去幼儿园了。每天上班之前，把保姆和儿子锁在别墅里，不允许出门，钥匙自己随身携带。夏冬梅得知后，觉得李明简直疯了。这样下去，儿子迟早要出事，再加上儿子整天和那个有暴力倾向的保姆在一起，儿子的处境不堪设想，必须把儿子救出来！

于是，夏冬梅带着杨飞趁保姆和孩子午睡时，偷偷把门撬开，抱走了儿子。可能是因为走的时候过于慌张，夏冬梅不小心碰倒了桌子，桌子上摆放的两人以前的结婚照镜框掉到地上，摔得稀碎。保姆被惊醒后发现孩子被抢走，立马通知了李明。李明回到家看到被撬开的门锁和碎了一地的结婚照镜框，再也控制不住心中的怒火。不但抢走儿子，还摔碎两人的结婚照镜框，你不仁别怪我不义！李明怒气冲冲地来到夏冬梅家，看到前妻正在给儿子削苹果吃。李明一个箭步走上前，要抢孩子，被旁边的杨飞一下子拦住。李明没有示弱，和杨飞撕打起来。但杨飞高大魁梧，李明不但没有占到便宜，反而挨了几记重拳！愤怒的李明冲夏冬梅喊道："你就是个傻子，你被杨飞骗了！他是看你下不了决心离婚，故意找人偷拍你俩一起游泳的照片，然后寄给我，刺激我！这一切都是杨飞挖的坑，他故意拆散我们，你跟他在一起不会幸福的！"夏冬梅听到这番话颇感意外，一时语塞。原来，李明离婚后一直在调查快递的来源。先是根据网上的物流信息找到了快递员，送了个大红包才问出寄件人是杨飞。杨飞得意地说："是我寄的又怎么样？你现在说这些还有什么意义？夏冬梅现在是我的妻子，我才是真正的赢家。"李明气得血往上涌，满脸通红，打又打不过，看到桌上有把削苹果的水果刀，拿起来就向杨飞刺去。杨飞躲闪不及，当即倒地，血流不止。夏冬梅见状，立马报警。最终，杨飞经抢救无效死亡。

李明到案后，如实供述自己的犯罪事实，检察院以故意杀人罪提起公诉。李明认为自己根本没有杀杨飞的动机，就是想教训他一下，不构成故意杀人罪。那么，李明的行为是故意杀人还是故意伤害致人死亡呢？法院会如何认定？法院认为，被告人李明在与被害人打斗时，把刀刺向被害人的心脏，刺向心脏会导致被害人死亡，这是正常人都能预见的，被告人李明事后也没对被害人进行抢救，放任了死亡结果的发生。李明的行为构成故意杀人罪，犯罪手段残忍，犯罪后果严重，论罪应当判处死刑，鉴于李明自首且与被害人亲属达成调解协议，依法从轻处罚。最终，李明犯故意杀人罪，被法院判处无期徒刑，剥夺政治权利终身。

走到这一步，夏冬梅后悔莫及，她认为自己也有责任，没有处理好婚姻危机，毁了两个男人，两个家庭。通过本案我们也看到李明把事业和家庭过成了两条平行线，没能在两者间找到平衡，导致婚姻失败，酿成悲剧。李明对事业投入的同时，更应重视平衡家庭和事业的关系。平衡就是不断适应变化，进行调整的过程，在这一过程中力求使生命中重要的两样东西——事业和家庭保持一种和谐关系。事业与家庭的平衡因人而异，需要夫妻双方努力去经营才能实现。

案件感悟：法院如何认定婚外情>>>

因婚外情导致离婚的案件中，法院对待婚外情认定的态度是非常谨慎的。认定一方有过错可请求损害赔偿的情形限定为两种：重婚和有配偶与他人同居。这两种情形都是非常严重的婚外情。对于程度较轻的一夜情、网恋、嫖娼、通奸但未同居的情形都很难追究责任。因一方有过错司法实践中按照顾无过错方的原则进行财产分割，这个照顾只是量的变化，而不是质的区别。在现实生活中很多人有误区，认为一方发生婚外情导致离婚的就会净身出户，实际上并不会判净身出户，除非过错方做出让步，自愿净身出户。夫妻离婚财产分割有夫妻财产约定的依从约定，没有约定按法律规定分割，离婚财产分割原则上就是夫妻共同财产一人一半。如果一方有过错，会适当照顾无过错方。笔者曾代理因男方婚外情与第三者同居一年多，认定男方对婚姻有过错，北京某区法院判决按照顾女方、无过错方原则，女方多分了10%的比例，也就是夫妻共同财产四六开。对于一方有过错的，无过错方可同时主张请求损害赔偿，目前赔偿金数额也较低，属于象征性的精神抚慰。

丈夫的“和解”协议

关键词　分手费　夫妻共同财产处理权　敲诈勒索罪

2018年春节前夕，家住南方某市的马娟刚一下班，像往常一样直奔幼儿园接儿子，到了家门口却意外地发现门旁边放着一个大纸箱。马娟纳闷，这几天也没在网上买东西，哪儿来的快递？快过年了，会不会是谁送来的礼物，看家里没人就放在门口了？马娟仔细看了看，箱子上面也没有写收件人和寄件人，这来历不明的纸箱让马娟感到有点莫名其妙。马娟小心翼翼地将纸箱搬到家中，打开一看，差点没吐出来，里面竟然是一只开膛破肚、血肉模糊的死狗，死相非常狰狞！儿子在旁边吓得哇哇大哭。大过年的，这么恶心的东西是谁送的？到底想干什么？

马娟壮着胆，盖上纸箱，慌慌张张地给丈夫李彪打电话，说家里出事了，让他赶快回来。李彪在市中心开了一家饭店，离家大概半小时车程，接到妻子的电话后立马放下手头工作回家。李彪一进家门，也被这恶心的“礼物”给吓了一跳，立马把这令人作呕的东西扔出家门，然后抱住老婆和孩子，不停地安抚他们不要害怕。马娟对丈夫说：我在图书馆当管理员，整天跟书打交道，没有招惹过任何人，这事肯定跟我没关系，可能是冲你来的。你是不是在外面得罪了什么人？结了仇？人家报复你？李彪不以为然地说：肯定是有人搞错了，也说不定是哪个精神病搞的恶作剧，这不也没写名没写姓吗，你怎么就说是冲我来的呢？以后门口的东西不要往屋里捡。李彪安抚好老婆和孩子，又匆匆回到了饭店。对于开饭店的人来说，晚上比白天忙，又赶上快过春节，迎来送往的更忙。马娟送走了丈夫，锁好门，给孩子做了些吃的，把孩子哄睡后，自己却怎么也睡不着，一闭眼就是纸箱子里那只面目狰狞的死狗！

第二天，马娟头昏脑涨地到单位上班。中午吃饭的时候，马娟接到了房产中介打来的电话：马姐，您看中的那套学区房，房主现在着急用钱，同意降价了，您要是买的话，抓紧啊！马娟喜出望外，孩子已经3岁了，不能让孩子输在起跑线上，这几年她省吃俭用，就想买这个位置的学区房。马娟在电话里爽快地答应：买，买，买，我现在就回家取钱把定金交了。马娟请了半天假，火速回到家中，她一周前就从银行取了20万元现金，放在卧室的衣柜里，就是准备交定金的，因为价钱一直没谈拢，所以就没交。马娟进了家门，打开衣柜，却惊讶地发现20万元现金不见了！她左翻右翻，还是没找到。明明就放在衣柜里啊，除了丈夫，没其他人知道这笔钱啊？家里的门也是锁着的，窗户也是关着的，不像是进小偷了，这钱去哪儿了呢？难道被丈夫李彪偷偷挪用了？饭店早就步入正轨，要说李彪不会动家里的钱，而且李彪也没有啥不良嗜好。马娟越想越不明白这钱怎么就没了。

为了查清20万元的去处，马娟拨通了丈夫的电话，上气不接下气地说：你有没有动过衣柜里的钱？那20万元钱没了？李彪不紧不慢地说：你别着急，那20万元我拿去投资理财了，回报率挺高的，将来一定给你个惊喜。马娟一听就生气了：这钱不是商量好给孩子买学区房的吗？你怎么不跟我商量就拿走了？你赶紧把钱拿回来，现在房主降价了，再不买就被别人买走了！李彪不耐烦地说：买房的事不急，现在店里正忙，晚上我早点回家跟你细说。说完就把电话挂了。马娟忐忑不安的心情仍旧没有平复，要说和李彪结婚也有七八年了，从没有吵过架，丈夫这几年开饭店赚的钱也都交给自己管理，一直觉得挺幸福，没有看错人。

想当年，马娟与李彪是高中同学，李彪是个帅小伙，虽然学习成绩一般，但追女孩很有一套。李彪没考上大学，去技校学厨师。马娟读的大专，毕业后到图书馆当管理员，工作非常稳定。李彪学习不行，学烹饪却是有模有样，参加烹饪比赛还拿了奖，所以毕业后就有大饭店主动聘请他当厨师。李彪家里“一穷二白”，和马娟谈了三年恋爱，要说早该修成正果了。可是没钱买房子，马娟的父母最初没有答应这桩婚事。马娟想办法说服父母，只要人好肯干，日子总会好起来的。马娟的父母也看出来了，女儿是非李彪不嫁，马娟是独生女，父母的掌上明珠，做父母的当然希望女儿嫁个条件好点的，可是拧不过女儿，也只好尊重女儿的选择。马娟的父母为了成全女儿，还把一套两居室腾出来给两个年轻人当婚房。婚是结了，野心勃勃的李彪却不甘于再给别人打工，想自己创业开饭店，马娟也全力支持，甚至把父母的房子拿去抵押贷款，投到饭店里。第一年算是还上了贷款，打了个平手，第二年才见盈利。好事成双，在饭店开始盈利的这一年，马娟怀孕了，两人有了儿子。虽然李彪仍旧每天忙饭店的事，马娟也没有抱怨，感到日子过得很踏实很幸福。儿子3岁了，李彪赚的钱，全交给家里，终于可以考虑买套学区房了。这衣柜里的20万买房钱李彪怎么擅自做主投资去了呢？马娟头一次因为钱的事跟李彪生气，晚上把孩子哄睡了，李彪还是没回来，马娟就打电话催他回家说清楚。

直到晚上11点，李彪才一脸疲惫地回到家中。在马娟的追问下，李彪从兜里拿出一份合同的复印件，递给了马娟：最近有几个哥们儿在搞P2P，挣了不少钱。年化收益率能达到20%，这可比放银行合适多了，咱不也有房住吗？我看这钱放着也是放着，不如好好利用起来。学区房的政策也在变，等几年后咱孩子上学，说不定就没有学区房这一说了，你听我的没错，没必要花大价钱买学区房。马娟听到李彪的解释，貌似也有一定的道理。已经半夜了，马娟昨晚就因为狗的事没睡好，今天因为钱的事提心吊胆了一天。知道了20万元的具体下落，就没再争辩，倚靠在丈夫身旁睡着了。

日子照旧这么过着，马娟的心中却总有一种不祥的预感。家里边都是她管钱，对于理财也多少懂一点，这几年有些P2P公司资金链断了，跑路的也不少，丈夫会不会受骗上当呢？她找出李彪给她的那份合同，在工商局的网站上查询这家P2P公司，发现这家公司半年前就已经被吊销停业了，这是一份假合同！是李彪被骗了，还是他故意拿一份假合同来骗自己？如果真的是骗自己，那么李彪在掩盖、隐瞒什么呢？马娟对李彪的话半信半疑，前一天莫名其妙收到死相狰狞的狗，第二天衣柜里的20万元不翼而飞，这两件事会不会有什么联系呢？怎样才能找到线索呢？

马娟一直很信任丈夫，怀孕之前经常去饭店帮忙，有了孩子后就很少去了，除了工作就是照顾家，照顾儿子，饭店里的情况越来越不掌握。李彪每月往家里交两三万元，她也挺知足，这不，这几年也攒下不少钱了。最近发生的这些事，马娟总觉得哪儿不对劲。这一天，她没打招呼，中午从单位打车去了饭店，想从饭店里寻找蛛丝马迹。一进饭店，马娟就发现不对劲。饭店正中央原来摆着一个瓷做的招财猫不见了。马娟背着李彪悄悄地问打扫卫生的阿姨，老人家摇摇头说，几天前服务员刘芳带着她哥到饭店里大吵大闹，把招财猫给砸了，把桌子也给掀了，客人都不敢进来。马娟追问老人家，刘芳为啥来闹？老人家摇头不言语，店里其他认识马娟的人也都躲躲闪闪，马娟感到气氛很诡异。

说起刘芳，马娟还有点印象，一个胖乎乎的农村姑娘。是在马娟怀孕那年招进来的，当时店里缺人手。马娟很早就听李彪夸刘芳能干，能张罗，接待顾客非常热情。要说也在店里两三年了，是欠她工资了？还是怎么回事？为什么到店里闹事呢？那只寄到家中的死狗会不会也是刘芳干的？

马娟的心里越来越不平静，她想知道事情的真相。晚上睡觉前，马娟忍不住问李彪关于刘芳砸店的事。李彪轻描淡写地说：没什么大不了的事，刘芳辞职欠她点加班费，没给她，她就不干了。把她哥叫来闹事，后来发生冲突，她哥就把店砸了。事情我已经处理好了，你就不用操心了，别大惊小怪的，早点睡吧！马娟觉得事情没那么简单，想想最近接二连三发生的事，她翻来覆去睡不着觉，丈夫却打起了呼噜。就在这时，马娟听到丈夫的手机响了一声，是谁在深更半夜发微信呢？马娟好奇地凑过去一看，竟然是丈夫的一张裸照！紧接着又发来一行字：30万元，一分钱都不能少！你给了20万元，还差10万元，如果明天收不到，这张照片就会出现在你老婆的图书馆里！马娟赶紧把酣睡的李彪叫起来，生气地质问他，到底是怎么回事？刘芳怎么会有他一丝不挂的照片？李彪支支吾吾地看着手机，看再也隐瞒不下去了，终于跟马娟说出了真相。

原来，事情发生在马娟怀孕那段时间。马娟怀孕以后两人开始分床睡，李彪白天在饭店辛辛苦苦忙一天，回到家马娟总是冷冰冰的。李彪觉得老婆对他越来越冷淡，尤其孩子出生后，马娟眼里只有孩子，给李彪留下的总是熟睡的背影。李彪在家里越来越不被老婆关注，沦为“二等公民”，对李彪来说，家成了一个只是用来睡觉的地方。当时，店里的服务员刘芳20岁出头，热情体贴、充满活力。刘芳能看出李彪心中的失落，时常在工作之余讲段子逗李彪开心，生活中也积极主动关心他。面对刘芳的投怀送抱，李彪采取了不主动、不拒绝、不负责的“三不”原则。最初的一段时间，李彪感觉新鲜刺激，给刘芳一些小恩小惠，刘芳也容易满足，一有机会，两人就在一起寻欢作乐，就这样持续了两年多。在农村，23岁的刘芳已经算大龄剩女了，家人开始不断催婚。刘芳想和李彪光明正大地在一起，要求李彪和妻子离婚。李彪深爱着妻子和儿子，他觉得自己只是因为寂寞才和刘芳走到一块儿。可是后来，刘芳越来越咄咄逼人，不再满足于小恩小惠，要谈一场光明正大的恋爱，要跟父母家人介绍她在城里的男朋友——李彪，不想再鬼鬼祟祟地做地下情人。当刘芳提出这些要求的时候，李彪明白，自己做不到，不可能满足刘芳，因为妻子马娟有恩于他，他从来就没有想过要离婚，平心而论他更爱自己的妻儿。李彪出轨之后，内心也很愧疚，有了孩子虽然少了浪漫，其实柴米油盐就是婚姻本来的面目，平平淡淡才是真。所以李彪果断决定与刘芳分手，回归家庭。但是刘芳却不依不饶，多次向李彪索要分手费，而且不择手段，甚至送了只开膛破肚的死狗进行恐吓。刘芳威胁他说已经知道家里的住址，如果不给钱就把事情闹到家里。

第二天，刘芳带着她哥到饭店闹事，要李彪赔偿30万元分手费，李彪害怕闹到家里，就把家里那20万元给了他们，没想到还没完没了！李彪乞求妻子的原谅，马娟知道真相后感到无比痛苦，万万没有想到曾经海誓山盟的李彪竟然会背叛她、背叛他们的婚姻，亲朋好友眼中的美满婚姻竟如此不堪一击。马娟顿时感到很难受，就像吃了只苍蝇，咽不下去，也吐不出来。那20万元可是婚后开餐馆挣来的，属于夫妻共同财产，丈夫是无权擅自处分夫妻共同财产的，刘芳索取这20万元并无法律依据，马娟有权要求刘芳返还全部夫妻共同财产。

法律链接>>>

● 夫妻共同财产处理权

《最高人民法院关于适用〈中华人民共和国婚姻法〉若干问题的解释（一）》第十七条将婚姻法关于“夫妻对共同所有的财产，有平等的处理权”的规定理解为：

（一）夫或妻在处理夫妻共同财产上的权利是平等的。因日常生活需要而处理夫妻共同财产的，任何一方均有权决定。

（二）夫或妻非因日常生活需要对夫妻共同财产做重要处理决定，夫妻双方应当平等协商，取得一致意见。他人有理由相信其为夫妻双方共同意思表示的，另一方不得以不同意或不知道为由对抗善意第三人。

这刘芳也太嚣张了，欺人太甚，这是赤裸裸的敲诈。事已至此，纸终究包不住火，李彪也没什么好怕的了，大敌当前，一致对外。夫妻俩一致认为，准备证据，天亮了就去报警，否则，以后的日子也不会安生。

那么，刘芳的行为是否构成敲诈勒索呢？警方接到李彪的报案，传唤刘芳和她的哥哥刘虎。刘芳似乎有备而来，她不慌不忙地拿出一份“和解”协议给警察。刘芳说，这是李彪自愿给她的分手费30万元，协议里写得清清楚楚，还有李彪按的手印，兄妹俩不构成敲诈勒索。刘芳继续向警方解释道，她跟李彪好了两年多，这两年多，她无名无分，忍气吞声，每当父母亲朋好友问她有没有男朋友，她都不知道该怎么回答。平时，李彪不让刘芳给他发微信、短信，只有在店里没人的时候，李彪才搭理刘芳。刘芳受够了这种憋屈的日子，认为李彪浪费她青春，浪费她感情，把她拖成了大龄剩女，于情于理李彪都应该赔偿她！刘芳越说越激动，认为自己犯的最大的错就是不该爱上一个有妇之夫，自讨苦吃。刘芳一想到李彪把店里的收入都交给他老婆，每天晚上又回家陪老婆，就嫉妒到充满仇恨，两人之间的关系根本无法继续下去，注定不会有结果。既然得不到李彪的人，那就要他的钱。刘芳跟警察强调，哥哥刘虎从小看不得她受委屈，完全是替她出气，这事跟她哥没关系。刘芳认为，她跟李彪“和解”协议达成的那一天，他们之间的事就已经彻底两清了，这事不犯法，双方自愿就具有法律效力，警方也没有权力抓人。那么，刘芳手里的这份“和解”协议是怎么回事？兄妹俩是否涉嫌刑事责任呢？

这还得看刘芳兄妹俩到底做了什么，通过还原事情的经过来分析。刘芳的哥哥刘虎，身材高大，脾气火暴，从小非常疼爱自己的妹妹，只要有人敢欺负妹妹，刘虎定会让他付出代价。刘虎得知妹妹的遭遇后，决定为妹妹出口气。刘芳觉得自己吃了亏，李彪必须赔偿她的青春损失！刘虎经过一番策划，先是暗中跟踪李彪，摸清李彪的家庭住址，然后弄只死狗吓唬李彪和他的家人。刘芳警告李彪，随时可以曝光他们的婚外情，给李彪施压。第二天刘芳就带着哥哥刘虎来到饭店，进店就砸。李彪一看来者不善，为避免更大损失，不得不服软，让兄妹俩到办公室心平气和地谈，同时打开了手机的录音设置，以防不测。到了李彪的办公室，刘虎让李彪老实点，拿出诚意解决问题，否则，那个开膛破肚的死狗就是下场。在刘虎的威胁下，李彪答应回家取钱，兄妹俩跟着李彪回家拿走了20万元，随后就拿出一份打印好的“和解”协议，上面写着：李彪自愿赔偿刘芳分手费30万元，用于补偿刘芳的青春损失。刘虎让李彪签字，李彪说没带笔当场拒绝了。刘虎一拳把李彪打倒在地，用刀划破他的食指，强行在“和解”协议上按了手印。临走时刘虎还放下话，30万元一分都不能少，3天内再付10万元。然后带着“和解”协议，扬长而去。平日李彪赚的钱全都交给了妻子打理，店里也没有多少现金，3天内李彪还真拿不出10万元，况且20万元他已经觉得被狠狠地宰了一刀，差不多是他大半年的利润，心不甘情不愿，甚至他开始觉得刘芳跟他在一起就是为了图他的钱，昔日的旧情荡然无存，两人从地下情人竟然演变成了仇人。既然事情已经败露，他决定向警方提交微信聊天记录、饭店被砸的录像、回家被迫取钱的录音等证据，要让刘芳兄妹这对恶人受到法律的制裁，不能这样为所欲为。兄妹二人没想到李彪会录音，甚至报警，也没有认识到问题的严重性，刘芳始终认为索要分手费属于民事纠纷，不应构成敲诈勒索罪。那么，对于刘芳兄妹的行为法院会怎么认定和判决呢？

法点释义：分手费>>>

索要分手费与敲诈勒索罪的界限在于是否有社会危害性。所谓“分手费”在司法实践中一般是指恋爱中的一方向另一方提出分手要求，应另一方要求赔偿一定金额，通常指“青春损失费”或“青春补偿费”。关于青春损失费或者分手费，我国法律并未有明确规定，一般也不被法律支持。特别是涉及婚外情，如果一方擅自动用夫妻共同财产给第三者分手费，侵犯了配偶一方的合法权益，违背法律和公序良俗，这种分手费的要求更不会得到法律的支持。分手时，任何一方向对方索要分手费，通常不会被保护，因为现代民法认为，男女平等是基本原则，情人之间恋爱自由，分手自愿，这是基本的规则。此外，法律没有明确规定的责任或义务，任何一方均不得向对方主张权利。既然索要分手费没有法律依据，不受法律保护，那么一方不同意支付的情况下，另一方强行索要，或者以某种条件相威胁，胁迫对方就范的，就有可能构成敲诈勒索。

法院认为，刘芳、刘虎二人共谋，以非法占有为目的向李彪索要分手费，被李彪拒绝后，采取砸店、发裸照、寄开膛破肚的死狗等手段进行威胁恐吓，使李彪内心产生恐惧后，最终交出20万元。刘芳、刘虎二人为了掩盖非法所得，又强迫李彪在事先准备好的“和解”协议上签字，被拒后，用刀划破李彪手指，在“和解”协议上强行按了一个血淋淋的手印。但是，这一纸“和解”协议并不能成为兄妹二人的护身符，因为“和解”协议的内容是在胁迫下达成的，并非双方自愿，无论是签了字还是按了手印，“和解”协议均可撤销。同时，刘虎、刘芳兄妹采用威胁、恫吓等手段强行索要分手费的行为触犯了我国刑法，构成敲诈勒索罪。刘虎、刘芳兄妹认识到错误后，积极退赃，取得了被害人谅解，具备从轻处罚情节。最终，刘虎以敲诈勒索罪被法院判处有期徒刑3年，缓刑4年，并处罚金3万元；刘芳以敲诈勒索罪判处有期徒刑2年，缓刑3年，并处罚金1万元。

“不翼而飞”的购房款虽然一分不少地回来了，但马娟却很难高兴起来，因为一直深爱的丈夫出轨了。在周围亲朋好友及同事面前也抬不起头来，她领着孩子回到娘家，闭门不见李彪。李彪深感愧对妻子，一再承诺日后一定加倍补偿妻子，但是他不知道妻子什么时候会跟他回家，什么时候会原谅他，一个人在家苦苦等待。破镜能否重圆，只有交给时间去回答。

案件感言：面对“分手费”的正确处理方式>>>

我国的婚姻制度坚持一夫一妻、男女平等的原则，每个人都应遵守社会道德底线，忠实于自身的婚姻。婚外情有悖于夫妻忠实义务，有悖于公序良俗。婚外第三者主张“分手费”无法得到法律支持。

而对于双方都是单身，正常的男女朋友关系，一旦分手，昔日的至亲至爱变成了至疏至仇，他们之间的那些“旧账”该怎么算？能否主张分手费呢？首先，要明确的是，主张分手费并没有法律上的依据。司法实践中有一方因某段情感关系产生人身方面的损害，比如，丧失生育能力或者导致患某种疾病的情况下，可以主张对方赔偿相应的损失。其次，如果双方就分手费自愿签订协议，双方具有完全民事行为能力、意思表示真实，双方不存在需要保护的合法婚姻的情况下，协议并不违反法律的强制性规定或损害社会的公共利益，对于此类补偿协议已实际履行完毕的，司法实践中倾向于认定有效。

分手是一件令人伤感的事情。除了伤感，还有可能伤财。双方因分手撕破脸，矛盾不断升级为你死我活的斗争。截至目前，全国已经发生多起因为索要分手费，民事纠纷演变成刑事案件的情况。其实，一段感情不在了，应该及时止损，好合好散，别让分手毁了后半生！

神秘“女友”是男同事

关键词　网恋　民间借贷　诈骗罪

2018 年国庆假期，32 岁的杨鹏从城里回老家过节。以前杨鹏最怕回老家，虽然大学毕业，也有稳定的工作，但是因为家里穷，买不起婚房，女朋友也分手了。杨鹏作为家里的独苗，当父母的当然着急儿子的婚事，每次回老家都被父母催婚。但是，这次回老家杨鹏胸有成竹，谁问都没关系，因为他正在谈恋爱，有女朋友了。而且这女朋友还很漂亮，杨鹏得意地见人就炫耀一番。一天晚上，杨鹏跟几个好哥们儿喝完酒，回到家中已是深夜 11 点多，突然收到女友发来的微信：亲爱的，我伤势太重将不久于人世，认识你很知足，今世无缘我们来生再会，永远记得你的好！杨鹏看完微信顿时酒醒，睡意全无，立刻通过微信联系女友，却惊讶地发现自己已被删除。杨鹏纳闷，前几天女友是说出了车祸，也没说那么严重啊？为什么要跟自己断绝联系呢？女友现在到底是什么情况？

杨鹏陷入一片迷茫之中，要说杨鹏这恋爱谈得也有些离奇，两人在微信里热火朝天地谈了半年了，都谈婚论嫁了，其实连面都没见过。说好国庆节后见面的，女友突然出了车祸，杨鹏恨不得立马出现在女友身边，但是女友现在身在何方？杨鹏到哪去找都搞不清楚。解铃还须系铃人，杨鹏想到只有找到介绍人张伟才能打听到女友的下落。

杨鹏最初认识女友李影是通过同事张伟介绍的，记得那是 2018 年 4 月的一天下午，正要下班时，张伟很真诚地邀请杨鹏吃饭表示答谢。张伟答谢杨鹏什么呢？原来杨鹏在房地产公司人力资源部门负责招聘工作，两个月前有一次招聘销售人员，条件是大专及以上学历，张伟来应聘，虽然张伟能说会道，但是学历是高中毕业，不符合应聘条件，但是杨鹏看到张伟跟自己是老乡，都是安徽人，张伟又特别能说，感觉应该挺有销售能力的，所以就破格录用了。张伟为表示感谢，也想以后工作上能得到老乡更多照顾，要请杨鹏吃饭。杨鹏30多岁了还是单身，晚上也闲来无事，就答应和张伟一起吃饭。张伟连敬三杯酒，感谢杨鹏把自己招进公司。杨鹏不胜酒力，三杯过后“渐入佳境”，话也多了起来，除了公司的事，也聊起了各自的生活。

两人年龄相仿，聊得也很投机。张伟说，老婆带着两个儿子在老家，照顾父母和孩子，他这几年在城里打工，赚钱养家，每年就盼着回家过年抱儿子。这可说到了杨鹏的痛处，张伟安慰杨鹏说，好饭不怕晚，兄弟别着急，总会遇到意中人的，有合适的我帮你介绍啊，两人喝到深夜都很尽兴。

半个月后，张伟跟杨鹏说给他介绍个女朋友。杨鹏做梦都想找女朋友，赶紧让张伟先发张照片过来看看，张伟二话没说立刻发来了女孩的照片。杨鹏一看照片就被镇住了，这姑娘简直太美了，美得超凡脱俗，大眼睛一看就让人忘不了，披肩长发，清新秀丽！简直就是梦中的仙女呀！杨鹏激动地问张伟这女孩的名字。张伟告诉他，这女孩叫李影，今年大四，很快就毕业了。这女孩太优秀了，不仅长得漂亮还是个大学生，这样才貌双全的女孩，怎么追得上呢？杨鹏在追女孩这方面特别自卑，曾经在读大学期间谈过一个女朋友，主要是因为家里“一穷二白”，在城里买不起房分手了。这是杨鹏的初恋，初恋的失败给杨鹏留下了遗憾和心里阴影。杨鹏跟张伟说：这女孩特别好，特别喜欢，但是太优秀了，哪是我这种普通人能追得上的呢？张伟鼓励杨鹏说：你不试试怎么知道行不行呢？机会是要去争取的，梦想万一实现了呢？只要你努力对她好，说不定人家就看中你这种成熟稳重型的，反正你闲着也是闲着。杨鹏觉得张伟说的也有道理，成不成，只有试了才知道，于是让张伟把自己介绍给李影，先看看人家愿不愿来往。当天晚上，杨鹏看着李影的照片失眠了，焦急地等着张伟的消息。第二天他忍不住问张伟，张伟说还没回信呢，让杨鹏耐心等待。张伟还说，跟李影说了杨鹏不少好话，肯定能起点作用。第三天张伟终于把李影的微信推了过来，说人家女孩答应先加个微信认识一下。杨鹏一看微信名叫“愿得一人心”，愿得一人心这不正是自己的心愿吗，激动得不知所措。但是两天过去了，李影始终没有通过自己的好友申请，杨鹏倍感失落。难道这段感情还没开始就要结束了吗？

一天，杨鹏在食堂碰到张伟。张伟问交往的情况，杨鹏低下头小声说，人家连微信都没有通过。张伟听了哈哈大笑说：李影不是随便加微信的人，你应该备注你是张伟的同事。她对我比较信任。杨鹏按照张伟的提示，再次申请添加李影微信，果然，很快就通过了。杨鹏觉得张伟和李影的关系不一般，以后得好好跟张伟相处。两人通过微信互相简单做了介绍后，杨鹏发现李影对自己爱搭不理，没啥兴趣。每次发微信过去，对方要么回复“嗯”，要么回复微笑的表情，搞得杨鹏不知如何是好，深了不是，浅了也不是。本想见个面，李影却说正在忙着写毕业论文，没有时间。李影是嫌自己条件不好，还是嫌自己年龄大？杨鹏想通过李影的朋友圈多做些了解，却发现李影的朋友圈是空的。现在的年轻人不是挺爱刷朋友圈的吗，看来这个漂亮女孩还是蛮低调的。

李影爱搭不理的态度，导致杨鹏整日闷闷不乐。杨鹏苦思冥想，也找不到突破口，碍于面子又不好意思向张伟倾诉。赶巧，张伟再次约饭，三杯酒下肚，问起了女朋友的事。杨鹏苦闷地说：目前还没有啥进展，仅限于认识阶段。张伟说：这么好的女孩，你还不抓紧？兄弟，您在追女孩方面还真需要提升。这个杨鹏承认，不然自己也不会现在还是个单身汉。张伟开始指点迷津，说有的人追女孩子很容易，有的人追女孩子却很难，区别就在于有没有掌握这里面的秘诀。这秘诀就是你要表现出时时刻刻都很关心她，让她知道，你心里有她。然后还要舍得为女孩子花钱，通过花钱来说明你心里确实有她。这两点缺一不可，如果都能做到，不出两个月，肯定行！杨鹏就像取得了真经，决定试试。这几年工作省吃俭用也攒了点钱，只要能将李影追到手，花点钱也是应该的。

此后，每天早上，杨鹏的第一件事就是发一段精心挑选的经典语录。要么励志，比如，等闲若得东风顾，不负春光不负卿；要么赞美问候，冰清玉洁的你像一首抒情诗，在我心里生根发芽；要么发首情歌《要死也要死在你手里》，表达爱慕之情。只要李影有回复，杨鹏就立刻发个红包，让李影学习别太辛苦，多吃点好的，喝杯咖啡休息休息等。这一个月来，杨鹏的红包发了 3000 元。杨鹏发现，李影的聊天语气变得温柔可爱起来，甚至还主动找自己聊天。随着交往的深入，两人的感情不断升温，一个月后，确立了恋爱关系。杨鹏不解的是，每次想要李影的电话，想要见面，却总是被拒绝。李影的理由是，平时不是上课就是自习，不方便接电话，微信联系最方便，有空的时候就会给杨鹏回信。每天杨鹏就盼着收到李影的微信，偶尔李影会发来一些学习照和生活照，杨鹏看到照片就像见到李影本人，开心得不得了。杨鹏闻到了恋爱的味道，他每天沉浸在爱情的泡沫里，想象着未来和李影第一次拥抱，第一次亲吻，会是多么的甜蜜，激动得小心脏都快跳出来了。对于杨鹏来说，最期待最开心的事就是每天收到李影的微信。

两人在微信里打得火热，李影说她电脑早该淘汰了，速度太慢总卡，又不好意思张口跟父母要钱。为了不耽误李影论文写作，杨鹏立马通过微信转了 1 万元，让李影买个喜欢的电脑，李影收到后说这钱算是借的，等自己上班有钱了就还给杨鹏。又过了一个月，李影说她到一个大单位实习，如果实习通过将来有可能被录用，但是自己也得包装一下，得买两套像样的职业装。杨鹏主动提出陪她一起去逛街买衣服，李影却说时间太紧，她只能在网上买，因为自己手头钱不够，才跟杨鹏张口。杨鹏问还差多少钱，李影说还差 7000 元，杨鹏二话没说就微信转给李影 7000 元。李影收到非常高兴，在微信里给杨鹏一个热烈的飞吻。杨鹏实在难以忍受这种相思之苦，在微信里不断地追问，什么时候才可以见面？李影说，实习的这家单位是家国企，规模特别大，要求也很高。这次来实习的大学生只有一半的机会可以留下，所以大家都很努力表现，争取留下来。每天都加班加点，单位在市郊也比较远，实习这三个多月不方便出来见面。等实习一结束，就会跟杨鹏见面，还答应陪杨鹏回老家见父母，商量结婚的事儿。幸福来得太突然，杨鹏激动地从床上跳了起来，以后回家再也不怕被催婚了。

杨鹏盼星星盼月亮终于熬过了3个月，眼看女友实习期就要结束了，终于快要见面了，谁承想女友又提出来要回趟家看父母，过了节再见面。杨鹏只好顺着女友，再等一周。没想到就在杨鹏向亲朋好友宣布自己恋爱了之后，突然收到女友发来的一张出车祸的照片，说急需手术费4万元，向杨鹏借钱。杨鹏着急地立马通过微信转账4万元，这4万元是杨鹏的全部家当了。女友收了钱后没多久就说自己不行了，深夜给杨鹏留完遗言，就把杨鹏微信给删除了。杨鹏急得像热锅上的蚂蚁，他想立刻见到李影，活要见人死要见尸，可是微信断了就意味着断了一切联系，李影在哪儿呢？杨鹏一下想到了介绍人张伟，马上给张伟打电话，张伟竟然关机了。杨鹏就打电话给单位找张伟，没想到张伟竟然连招呼都没打就辞职了，电话一直处于关机状态！没有办法，杨鹏就仔细看李影发给他出车祸急救的照片。发现上面有医院的名字，杨鹏就赶紧买了火车票，赶往李影住院的城市。

第二天一大早，杨鹏下车就直奔李影所在的医院。医院工作人员却说没有李影这个病人，杨鹏如遭晴天霹雳，难不成李影在说谎？想想李影不给电话号码，不发语音，不开视频，又不断借钱，还有张伟的突然离职和消失，一切都那么蹊跷，像个谜团，杨鹏觉得自己很有可能被骗了！杨鹏决定必须查清楚事实真相。他来到李影就读的大学门口，却发现自己不知道李影所在的班级和宿舍，还是找不到李影。为了逼迫李影现身，杨鹏在校园里四处张贴寻人启事，附上李影的照片和自己的联系方式，还有悬赏奖金。果然，重赏之下必有勇夫，半天不到，杨鹏接到一个陌生短信：我知道李影在哪儿，咱们半小时后学校操场见！杨鹏如约来到操场，只见一位身材高大的男生，一身的肌肉，站在操场中央。男生看见杨鹏后拿起手机拨打电话，杨鹏的电话随之响起。杨鹏心想，这位肯定就是知情者，快步上前，迫切想知道李影下落。谁承想，男生上来就给杨鹏一记重拳，杨鹏被打得仰面朝天，眼冒金星。男生非常愤怒，威胁杨鹏说：我是李影的男朋友，我不管你是谁，从哪儿来，有什么目的，立刻把寻人启事给我撕了！否则绝不饶你！见你一次打你一次。杨鹏这才反应过来，“勇夫”没出现，反倒引出个情敌！杨鹏理直气壮地反驳说：我才是李影的男朋友，不信你看李影给我发的微信聊天记录。男生看后愣住了，微信头像、照片确实是李影，难道李影脚踩两只船？男生像打翻了醋坛子，打电话让李影过来核实。不到5分钟真的李影出现了，李影看了杨鹏的微信记录，自己也很震惊，谁在背后冒充自己？这个微信号根本不是自己注册的，而且从来没有给杨鹏发过一条微信。李影为澄清事实，拿出自己的微信对照，跟男朋友解释根本不认识眼前的杨鹏。到底是谁在背后捣鬼，李影的照片是谁发的？半年来谁在冒充李影和杨鹏谈恋爱？杨鹏见到真的李影彻底心灰意冷，自己不但被假李影欺骗了感情，还被骗了钱财，他无论如何咽不下这口气，他要知道真相！为了查清事实，杨鹏选择了报警。

警方介入后，通过调查很快发现，李影的微信是5年前注册的，朋友圈几乎每天更新。与杨鹏联系的“愿得一人心”确实不是李影注册的，这个微信号是半年前新注册的，照片很可能是从真李影的朋友圈下载后发给杨鹏的。那么，这幕后的黑手会是谁呢？杨鹏想到了中间介绍人张伟，可是李影对张伟这个人也没有什么印象，直到杨鹏拿出张伟的照片，李影才猛然想起这个人，确实曾经加过张伟的微信。李影是怎么认识张伟的呢？

李影回忆说，自己平时喜欢网购，大大小小的东西都在网上买，收货退货是常有的事。那段时间，张伟是快递员，负责跑这片的快递，有一天张伟说，加个微信，不管是收货还是寄东西都更方便。当时李影没多想就加了张伟的微信，这些照片很可能是张伟加了微信后，在朋友圈盗取的。警方认为张伟具有重大嫌疑，警方通过系统查到张伟的户籍地址，不久，张伟在老家被抓获。警方在张伟的手机里发现了两个微信号，其中一个就是“愿得一人心”，李影的那些照片正是张伟通过这个微信号发给杨鹏的。杨鹏这才明白一直热恋的“女友”竟然是自己的男同事张伟！想起那些日日夜夜说过的甜言蜜语，海誓山盟，杨鹏是又害臊又愤怒，真想亲手撕了张伟。杨鹏想不明白，自己和张伟无冤无仇，张伟为什么要冒充李影来骗自己呢？

张伟到案后，面对事实和证据，如实交代了事情的来龙去脉。原来，张伟是家里的独生子，从小娇生惯养，在学校惹是生非，高中没读完就辍学了。张伟早早结婚生子，跟父母在家务农，可是他特别不愿意干农活，又脏又累又不赚钱。张伟没有学历也没啥技术，做啥好呢？听说城里送快递挣钱，每年七八万没问题。张伟就跟老乡一起进城打工，第一份工作就是送快递，快递送了一阵子，张伟好吃懒做，花钱大手大脚，没干几天就开始抱怨，挣钱太慢，钱根本不够花。张伟发现网贷借钱很容易，就开始拆东墙补西墙，谁知雪球越滚越大，根本还不上。追债的找上门来，张伟东躲西藏。可是，借这些网贷公司的钱，人家既然敢借给你，就有办法让你还，躲是躲不掉的。张伟没办法，又偷着用老婆的身份证去网贷，借钱去堵以前的窟窿。

张伟心里清楚，靠送快递还网贷，是肯定还不上的。有几个老乡从事房产销售，现在混得都不错，自己为何不试试呢？张伟辞职后连续面试了几家房产销售公司，因为既没学历，也没卖房经验，都被拒之门外。张伟最后去了杨鹏所在的房地产公司应聘，杨鹏看在他是老乡的分上破格录用了他。但天有不测风云，刚上班就遇到了限购，房地产市场一下子冷了下来，未还的网贷越积越多，张伟和老婆每天被催款电话骚扰甚至是威胁，半夜也被堵上门催债，根本无法正常生活，老婆因为这事提出离婚，张伟压力巨大。

张伟发现杨鹏为人单纯，而且生活圈子也很小，在城里基本没有工作以外的朋友，又急于找女朋友，张伟决定通过杨鹏缓解自己的经济危机。张伟想起自己送快递的时候，有个女大学生李影，非常漂亮，他几乎把李影朋友圈里的所有照片都下载到自己的手机里。张伟心想，杨鹏肯定会喜欢这样的美女，就新注册了一个微信号，取名“愿得一人心”。说李影是自己的高中同学，介绍给杨鹏，每天发送手机里曾经保存的李影照片，等杨鹏上钩后，就以各种理由向杨鹏借钱，总共借了 6 万元。后来张伟发现，局面有点失控了，因为杨鹏要见李影的想法越来越强烈，很难再持续下去，迟早得暴露。为尽快安全脱身，张伟先是匆忙离职，手机停机让杨鹏找不到自己，然后谎称李影车祸死亡，让杨鹏死心。没想到最终弄巧成拙，还是被杨鹏识破。张伟对过往事实供认不讳，但坚持认为自己的行为应该属于民间借贷行为，因为每次向杨鹏要钱，都说暂时借用，以后上班了会还给杨鹏，没有非法占有的目的。那么，法院会怎么认定呢？

法点释义：如何区分民间借贷与诈骗罪>>>

民间借贷纠纷是指由出借人向借款人出借一定款项后，借款人到期未能按时归还本息而引起的纠纷。诈骗罪是行为人以非法占有为目的采取虚构事实或者隐瞒真相的方法骗取数额较大的公私财物的行为。现实生活中如何区分借款行为属于一般的民间借贷还是诈骗呢？首先，要看行为人的主观意图。诈骗罪行为人在借款之初已经打定主意不还钱，借款只是个幌子，非法占有公私财物才是最终目的。而一般的民间借贷借款人借款是为了用于正常的生活、生产、经营。不过行为人的主观意图是其心理活动，很难猜出来只能通过行为人的行为来判断。其次，要看借款人借款时是否采取了虚构事实或隐瞒真相的做法。比如，在借款时伪造信用证明、伪造经营信息骗取出借人的借款。再次，要看借款人的借款用途。诈骗罪的借款用途一般用于赌博、贩毒、非法经营等行为。同时，还要看借款人的偿还能力以及未偿还借款的原因，如果借款人借款时根本没有偿还能力而且借款到期后拒不归还借款，采取逃避或者赖账的态度，借款人的这种行为可以推定其非法占有的目的。

在本案中，张伟明明知道自己没有还款能力，利用杨鹏急于找女友的心理，冒充“女友”向杨鹏多次“借钱”，到手后立马偿还自己的网贷，随后又辞掉工作，断绝与杨鹏的一切联系然后跑路，具有非法占有目的，构成诈骗罪。最终，被告人张伟犯诈骗罪，判处有期徒刑 1 年 8 个月，并处罚金人民币 2 万元。杨鹏虽然胜诉了，但被骗的 6 万元全部被张伟还了网贷，无力偿还杨鹏。被冒充的李影是无辜的，经过了这件事以后，每当李影发朋友圈时，都会谨慎一些，先是对加朋友圈的人员进行筛选，删除一些并不熟悉的人，对发朋友圈的内容也不像过去那么频繁随意，生活中涉及隐私的东西就不再晒了，自己的成长感悟、有营养的内容再与朋友分享。

案件感言：网恋有风险，借钱需谨慎。>>>

网恋被骗案在生活中屡见不鲜，不法分子通过微信、QQ 聊天确认恋爱关系，取得对方信任，最后以各种理由向受害者提出“经济援助”。一场虚假的网恋让单纯的杨鹏辛苦挣来的 6 万元打了水漂，落了个“赔了夫人又折兵”的结局。所以，生活中网络交友务必谨慎，因为网络是虚拟世界，网上交友比现实交友缺少真实性，网恋开始的时候就应验明正身，及时核对对方身份信息，一旦涉及金钱交易、账户转账汇款应提高警惕，以防上当受骗。应该把恋情从线上发展到线下，面对面地交流，实打实的沟通。此外，一旦遭遇诈骗，应第一时间寻求警方帮助，通过法律手段维护自己的权益。

要命的黄昏恋

关键词　协议离婚　诉讼离婚

都说半路夫妻难相处，60 多岁的范大海可不这么认为。自从 2016 年范大海和小 10 岁的杜丽洁再婚以来，两人相处得非常愉快，有种相见恨晚的感觉，如胶似漆。可是，好景不长，自从再婚的老伴儿抱上孙子后，两人就开始分居了。老伴儿为照顾孙子一个人搬到继子家住，因为继子家房子小，夏天生活不方便，就没让老范也搬过去同住。两家离得比较远，两人只有周末才能相聚，平时家里只有老范一个人，孤零零的。范大海虽有一万个不舍，但也无奈。掐指一算，已经三天没见到老伴儿了。一大早，老范没打招呼就来到了继子家，还买了老伴儿爱吃的豆浆和油条，打算给老伴儿一个意外的惊喜。谁知，老范一大早敲开门，开门的竟是一个五六十岁的黑瘦老头儿。老范看着开门的老头儿有点蒙，对视了一番后，老范开口问了句：你谁啊？开门的老头儿理直气壮地说：我是刘喜光，这是我家，你是谁啊？送外卖的吧？老范一听肺都要气炸了，这是他的家，那我是谁呀？我和杜丽洁是领了证的合法夫妻，怎么突然冒出一个老头来？合着老伴不让我过来住就是因为屋里藏了人？在厨房忙着做饭的杜丽洁听着外面声音不对劲，赶紧跑了出来。眼看两个人要动手打起来，杜丽洁赶紧把老范拉到楼下去解释。那么，这又黑又瘦的老头儿是谁？和老伴是什么关系呢？

范大海被杜丽洁生拉硬拽到楼下，杜丽洁连忙解释说：你千万别误会，我跟你说清楚。刚才那老头是孩子他爸，也就是我的前夫刘喜光。老范一听更来气了：你不说你前夫死了吗？怎么又活过来了？诈尸了不成？杜丽洁说：

当时对外是说他死了，那是气话，其实是在监狱服刑，觉得丢人，也怕影响孩子，所以就撒了谎，后来也不想提这件事，也就没再解释。老范刨根问底：你们俩到底是怎么回事，现在又是什么关系？杜丽洁一五一十地说起了两人的过往。杜丽洁和前夫曾经是大学同学，杜丽洁从小家庭条件优越，父母又特别宠爱，年轻的时候也漂亮，要长相有长相，要身材有身材，身边有不少追求者，追求的人一多，就容易挑花眼。有才华的长得丑，长得帅的没有钱，有钱的不顾家，顾家的没出息，有出息的不浪漫，浪漫的又靠不住。杜丽洁心目中十全十美型的对象一直没有出现。谈了分，分了谈，一晃就到了30岁，曾经的追求者和一起玩耍的好姐妹纷纷成了家。自己仍旧单身，家里人也开始着急了，催着赶紧找一个差不多的就行了。当年刘喜光也是众多追求者之一，刘喜光是个穷小子，但是脾气好，对杜丽洁百依百顺，像公主一样宠着她。杜丽洁从小养成的大小姐脾气，就需要找这么一个处处宠着她的男人。

不久，两人结婚，度过了一段幸福的美好时光。可是没多久，这门不当户不对的婚姻在经济上出现了问题。杜丽洁是独生女，父母又是做生意的，富裕家庭长大。虽然自己收入不高，花钱却大手大脚。刘喜光发现自己那点工资根本无法满足妻子的日常消费。杜丽洁从小就爱打扮，用的都是名牌化妆品，衣服更是买了又买，再加上儿子教育方面的开销，压得刘喜光喘不上气来。为了多挣钱，刘喜光就利用业余时间在外讲课，帮助企业宣传、搞活动推销产品，挣些外快补贴家用。因为刘喜光口才好，很快风生水起，请他的企业越来越多，比上班赚得多很多。于是，刘喜光辞掉了国企的铁饭碗，专门为企业推销产品，由于太过急功近利，经常夸大其词忽悠客户。那段时间刘喜光确实赚了不少钱，家里条件也大有改善，当时还觉得下海是明智的选择。

刘喜光在外没日没夜地折腾了两年，就在儿子刘福准备结婚的那年出事了。刘喜光先是突然提出离婚，而且非离不可，说自己外头有人了。当时，杜丽洁一气之下就离了。离婚后不到两周，刘喜光就被警察带走了，说是涉嫌犯罪。这时候，杜丽洁才明白刘喜光提出离婚是怕牵连到家人，怕她不同意离，才编了个出轨的理由。原来，就在刘喜光提出离婚的那天，雇他讲课的企业老板被公安机关逮捕。刘喜光觉得自己参与其中，难逃干系，这才提出离婚。最终，刘喜光因触犯组织、领导传销活动罪，作为从犯，被法院判处有期徒刑3年，并处罚金30万元。

杜丽洁越说越伤心，遇到老范正是她最难的时候。刘喜光出事了，家里的顶梁柱倒了，不但退掉了所有的违法所得，还被罚了30万元，可以说是倾家荡产。可是，儿子的婚期已定，总得把婚礼办得体面一些吧。这时候遇到了老范，老范不但有经济实力，而且愿意为她付出，所以，杜丽洁看老范一片真心就答应再婚，打算开始新的生活。但是，老范不解，既然和刘喜光已经离婚，现在怎么又住到一起了呢？杜丽洁解释说：一周前刘喜光出狱了，一无所有，无处可去，只能到儿子家落脚。杜丽洁再三解释，两人没有住到一起，前夫一个人住客厅的沙发，现在这种处境，总不能把他轰出去吧。就是想把他轰出去，儿子也不会答应，毕竟是亲爹呀。杜丽洁说她一直想找机会和范大海说清楚，还没来得及开口就撞上了。听到这儿，老范知道了事情的来龙去脉，气也消了些。可是，不管怎么说，自己才是杜丽洁合法的现任丈夫，跟前夫不明不白地住在一个屋檐下也不是个事啊！老范根本受不了这种刺激。老范跟杜丽洁说：他在不在这住我管不了，从今天起你不可以在这住了。说着就拽着老伴往家走。杜丽洁百般哀求：这不是孙子还小吗，儿子儿媳上班这孩子没人带，刘喜光一个人也弄不了，我带孩子，他做饭，正好，要不我白天过来帮忙，晚上回你那住，你看行不？老范这才勉强答应，可还是不放心，白天非要跟着老伴去照看孙子。那么，老范跟老伴儿的前夫能和平相处吗？两人会不会再次发生冲突呢？

老范每天都跟着过来，什么活都不干，整天指手画脚，偶尔还当着前夫的面故意秀恩爱，气氛搞得十分尴尬。这可怎么办呢？杜丽洁左右为难，盼着孙子能快点长大，结束这种纠结的生活。可日子总得一天一天过，一天一天熬啊！在三个人的冲突中，老范经常占上风，但是没多久老范却发现，自己成了家里最不受欢迎的外人，老伴儿总是向着前夫。就拿这一日三餐来说，刘喜光没出现之前，老伴儿总是把饭盛得满满的，有啥好吃的菜，也是先让自己吃。现在倒好，总是给她前夫夹菜，生怕前夫饿着，而且还偷偷地给前夫塞零花钱。老范发现了就发脾气，老伴儿不但不理睬，还夸前夫能干，包揽了所有的家务活，理应对前夫好点。老范并不服气，对老伴嚷嚷："要是论贡献的话，我的贡献比他大，这家里所有的开销都是我出，你别忘了，我才是你的合法丈夫！再说了，不是我不想看孩子，这孩子不知道为什么就是不跟我，我一抱就哭。可是，每次老刘抱就好了，你说气人不气人?"而老刘为此特别得意，经常说自己是亲爷爷，孙子当然跟他好了。这话让老范伤透了心，自己给孙子买奶粉买玩具，付出那么多，始终还是个外人。老范心里越来越不是滋味，本想老伴能安慰几句。谁知老伴儿胳膊肘往外拐，总是说他小心眼，爱吃醋。继子的家老范是越来越待不下去了。这天老范喝了点二锅头，决定带老伴回家，离开这个是非之地。杜丽洁觉得老范喝多了在耍酒疯，坚决不回去，还把二锅头拿走藏了起来。这时老范的酒劲已经上来了，压抑了许久的愤怒在此刻彻底爆发。范大海动手打了老伴，瘦弱的刘喜光看到前妻被打，冲上来劝架，被高大的老范一把推倒在地。恰巧此刻，刘福下班回家，控制了局面，把醉醺醺的范大海赶出了家门。刘福看见母亲的嘴角在流血就赶紧送到医院救治。幸运的是，伤得不重，都是皮外伤，在家调养几日就可以恢复。

第二天一大早，范大海酒醒，这才想起昨晚做了傻事。饭也没吃，连忙坐车找老伴道歉。可是，不管范大海怎么敲门，老伴儿就是不开门，不管怎么道歉，老伴儿就是避而不见。一个礼拜过去了，范大海不知道老伴儿葫芦里卖的是什么药，两人再婚两年多，在老伴儿前夫出现之前一切都很美好。前几天喝醉了一时失控打了老伴儿，仅此一回，且多次上门道歉，老伴儿还是不肯原谅。老伴儿是不是真的变心了？范大海见不到老伴儿，一个人借酒消愁。突然感到身体不适，到医院一检查，竟然检查出了肝病，需要立刻住院治疗。范大海连忙联系老伴儿，老伴儿仍旧电话不接，信息不回。住院期间，老伴儿和继子都没有过来看望。范大海伤心欲绝，杜丽洁真的这么冷酷无情吗?

范大海出院后，再次来到继子家。敲了半天门，仍旧不给开门，但躲在门后的杜丽洁终于开口了：咱俩合不来，还是离婚吧，我咨询过律师了，能协议离婚最好。范大海这才明白，原来老伴儿去意已决，他还一心一意地想跟老伴白头偕老呢。老范不同意离婚，蹲在门口不走。刘喜光在一旁帮腔说：我们的感情很深，我们当初就是假离婚，打算出狱后复婚，谁知中间被你给破坏了！你痛快点，赶紧离了！男人嘛，要拿得起放得下，别再纠缠了！不同意协议离婚，我们可就起诉了！范大海听到这番话，如同被浇了一盆冷水，透心凉，垂头丧气地离开了。

法律链接>>>

● 协议离婚

婚姻法第三十一条

男女双方自愿离婚的，准予离婚。双方必须到婚姻登记机关申请离婚。婚姻登记机关查明双方确实是自愿并对子女和财产问题已有适当处理时，发给离婚证。

● 诉讼离婚

婚姻法第三十二条

男女一方要求离婚的，可由有关部门进行调解或直接向人民法院提出离婚诉讼。

人民法院审理离婚案件，应当进行调解；如感情确已破裂，调解无效，应准予离婚。

有下列情形之一，调解无效的，应准予离婚：

（一）重婚或有配偶者与他人同居的；

（二）实施家庭暴力或虐待、遗弃家庭成员的；

（三）有赌博、吸毒等恶习屡教不改的；

（四）因感情不和分居满二年的；

（五）其他导致夫妻感情破裂的情形。一方被宣告失踪，另一方提出离婚诉讼的，应准予离婚。

三天后的下午，范大海发短信给杜丽洁，说他想通了，同意离婚，让杜丽洁过来取衣物，然后去办离婚手续。杜丽洁收到短信后以为老范真想通了，就坐上车赶过去，想趁热打铁把手续办了。本来前夫刘喜光想陪着一起去，但是杜丽洁觉得这样容易激化矛盾，就没让前夫陪着，一个人去做个了断。刘喜光焦急地在家等待，直到晚上8点，刘喜光仍不见前妻回来，电话也没人接，感觉情况不妙，连忙让儿子刘福去范大海家看看情况。刘福到了继父家，发现家中一片狼藉，母亲杜丽洁倒在血泊中，范大海浑身酒气躺在母亲旁边，不省人事。母亲停止了呼吸，身体已经变凉。母亲是怎么死的，是他杀还是自杀？是不是继父下的毒手？倒在旁边的继父还有微弱的呼吸，刘福见状赶紧拨打电话报警。范大海被抢救过来后，面对警察，他老泪纵横地说：杜丽洁就是个骗子，欺骗了我的感情，我现在是人财两空，但是我真的没有杀她，这完全是个意外，她死了，我也不想活了。两人正在闹离婚，凶案现场又没有别人，老范自然嫌疑最大，是不是老范下的毒手？两人之间到底发生了什么？

老范向警方交代，他在退休前当了20多年的厂长，从来没有看错人，但是这次他输了，输在一个女人身上。想当年也算是镇里的风云人物，人人都对他高看一眼，平时工作比较忙，家里大小事情都由妻子打理。转眼到了退休年龄，老范刚办完退休手续，妻子就因病去世了，儿女也都成了家，各过各的生活。老范的老宅赶上拆迁，分了套房子，又得了笔拆迁款，经济上很富裕，可就是身边少了个伴，倍感孤独，连个说话的人都没有。老范就想趁自己身体还行，再找个情投意合的老伴儿。

有一次老同学聚会。其中有个女同学带来了一位能歌善舞的闺蜜，引起了范大海的注意。这个女人就是杜丽洁，50多岁看上去很年轻，打扮时尚，在同龄人中绝对算得上出众。当天碰巧两人挨着坐，范大海故意献殷勤，主动夹菜、主动聊天，感觉非常好。聚会散了以后范大海还念念不忘，跟同学打听这位闺蜜的情况。他从同学那儿得知杜丽洁单身时眼前一亮，萌生了重组家庭的想法。老年人谈恋爱，就像老房子着火，一发不可收拾。范大海得知杜丽洁平时喜欢打麻将，为见到心中的女神，时常约三五好友到家里一起打麻将，故意让杜丽洁赢，还送她各种礼物。杜丽洁渐渐对老范产生了好感。范大海得知杜丽洁的儿子要结婚，正在为钱发愁，二话不说，帮忙装修房子，还出钱办了非常体面的婚礼。杜丽洁无法抵挡范大海狂轰滥炸式的追求，答应再婚。可是范大海自己的子女得知父亲要再婚，则坚决反对。一是母亲刚去世半年，父亲就再婚，对不起逝去的母亲。二是范大海和杜丽洁相处时间太短，很可能是看上了父亲的房子和拆迁款了。老范觉得子女反对再婚，就是担心将来得不到财产，根本不是为自己晚年生活着想，儿女越是反对，他越是坚持。为了和杜丽洁再婚，与儿女的关系彻底闹僵了，几乎断绝了来往。

婚后，范大海拆迁刚分的新房成了婚房，起初二人婚后的生活还是新鲜而美好的。范大海经常陪着杜丽洁打打麻将，跳跳舞。杜丽洁则准备拿手的好菜，备好二锅头，好吃好喝地伺候着。范大海在朋友面前经常炫耀自己家有娇妻，晒晒幸福，越来越觉得再婚的选择是多么的正确！忙碌了大半辈子，还真没这么幸福过！就这样，两人愉快平静地度过了两年时光。自从老伴抱上孙子，老伴的重心就转移到孙子身上，范大海感觉自己被忽略了。为讨好老伴一家人，他非常大方，在日常生活中经常抢着付钱，继子和儿媳对他的态度越来越好。这期间，范大海甚至都想到将来由继子来养老送终。直到杜丽洁的前夫出现，两人关系急转直下，尴尬的关系使得矛盾不断升级，关系不断恶化。这时范大海发现杜丽洁的心已经向前夫倾斜，而他成了被抛弃的对象。

范大海不甘心就这么败下阵来，输也要输个明白。他现在觉得从相识开始自己就被杜丽洁利用，自己不过是个临时的备胎而已，如今人家前夫回来了，也没有利用价值了，就一脚踢开。老范这么想，是因为杜丽洁的前夫入狱后，家里一下子一贫如洗。正巧那时他疯狂地追求杜丽洁，杜丽洁看他有房有存款，谎称丈夫死了，答应和他再婚。然后名正言顺让他掏钱给继子刘福办婚礼、装修房子、补贴家庭日常开支。范大海是真心付出，可对人家来说不过是个“提款机”，等前夫一回来，人家重归于好了，范大海不过帮忙照顾了两年多，最后算是“完璧归赵”了。为此，范大海经常失眠，靠吃安眠药入睡。因始终咽不下这口气，想找杜丽洁讨个说法，假装同意离婚骗杜丽洁出来。一见面范大海就质问杜丽洁：你当初是看上我的人还是我的钱？你到底有没有爱过我？杜丽洁说：你的经济条件好确实是个因素，就算我是看上你的钱，我也不是你买回去的保姆，有几个臭钱就指手画脚，你的厂长脾气我实在是受不了，专横跋扈，什么都得听你的。咱俩不合适，你不是说好聚好散吗？别废话，赶紧去办手续。杜丽洁的答复让老范很恼火，他起身推开杜丽洁，想去衣柜拿衣服，没想到他这一推，杜丽洁没站稳，一个趔趄摔倒在地。范大海并没在意，一边骂，一边从衣柜里把杜丽洁的衣服扔在地上。过了一会儿，仍不见动静，扔在杜丽洁的头上的白衬衣竟然已经变红了，范大海感觉情况不妙，赶紧扶起杜丽洁，这才发现头部下面有大量血迹，在摔倒的过程中头部磕到了坚硬的大理石茶几的桌角，没了呼吸。此时的范大海既害怕又悲伤，决定一起死了算了。想割腕自杀，但害怕痛苦，试了多次，最终放弃。范大海爱喝酒，就把大量的安眠药倒入酒中。谁知没喝多少，就醉倒了。到案后，范大海如实供述犯罪事实，检察院以范大海涉嫌过失致人死亡罪提起公诉。被害人的家属则认为范大海具有伤害的故意，应构成故意伤害罪。法院会如何认定呢？

法院认为，被告人范大海因家庭琐事在客厅内与被害人发生争吵时，推搡了一下被害人的肩膀。在日常生活中，推搡肩膀的行为并不会导致她人死亡的后果，没想到被害人没站稳，头部磕到了坚硬的桌角，颅脑损伤死亡。经调查，被害人除了头部磕伤，身上再无其他伤痕，更无作案工具。同时，被害人在见被告前打开了手机的录音功能，犯罪现场的录音内容与被告所说的犯罪事实相吻合。法院认定范大海的行为构成过失致人死亡罪，鉴于范大海如实供述犯罪事实，且积极赔偿，取得被害人家属谅解，对其从轻处罚。最终，范大海因犯过失致人死亡罪被法院判处有期徒刑 6 年。

对于“黄昏恋”中的老年人，感情与金钱的纠纷比较常见。老年人再婚同样应该加强婚前了解，包括性格、爱好、经济状况以及家庭成员组成等，尽量做到心中有数，避免日后的纷争。范大海建立在金钱基础上的婚姻是不牢固的，杜丽洁如果念及与前夫的旧情，就不应当利用范大海的一片真心，最终，酿成悲剧。黄昏恋需谨慎选择，利益捆绑的黄昏恋，利尽则缘散。

案件感言：选择正确的离婚方式>>>

在婚姻的世界里，没有人不想余生共白首，只是有时候，当夫妻感情已破裂，放手更能让彼此幸福，离婚是重新规划生活的复杂道路。离婚的方式有两种，即诉讼离婚和协议离婚。如果双方都同意离婚，对于子女抚养、财产分割能够达成一致的，协议离婚是最便捷的，协议离婚是成本最低也是伤害最小的方式，双方到一方的户籍地婚姻登记处办理登记离婚，带上身份证件和达成一致的离婚协议书办理。如果一方不同意离婚，或者双方同意离婚但就子女抚养、财产分割无法达成一致，就只能通过法院诉讼离婚。一方起诉离婚，一方坚决不同意离婚的，如果不具备法定判离情形的，包括重婚或有配偶者与他人同居的；实施家庭暴力或虐待、遗弃；有赌博、吸毒等恶习屡教不改的；因感情不和分居满二年等情形的，一般要经过两次诉讼，即第一次离婚诉讼判决不离后，在判决书生效满六个月后提起第二次离婚，不满六个月以同样理由同一事实提起离婚的法院不予受理。第二次提起诉讼离婚，法院一般会判决离婚。协议离婚是婚姻走到尽头好聚好散的一种方式，诉讼离婚如果一方坚决不同意离的话，也将是一场痛苦而漫长的经历。

不可思议的卖婴案

关键词　收养　送养

2016年3月的一天下午，王磊家中响起一阵急促的敲门声。他开门一看，门外竟然是两位身穿警服的公安人员。两位警察出示证件后，说他涉嫌一起刑事案件，要求配合公安机关调查。王磊愣住了，自己一向安分守己，从来不做违法乱纪的事，怎么警察会突然找上门来呢？

王磊原本是一家公司的职员，出差时认识了妻子刘丽，两人一见钟情，很快步入婚姻的殿堂。婚后王磊从公司辞职，和刘丽一起在镇上开了一家店铺。白天小两口一起经营店铺，晚上回到家，刘丽在厨房做饭，王磊就开始数钱，结算当天的盈亏，日子过得甜甜蜜蜜。随着小店生意越来越好，小两口的生活也越来越富裕，于是两人便计划要个孩子。可是，几个月过去了，刘丽始终没有怀孕，小两口望子心切，十分着急。在妻子的建议下，小两口来到医院检查，没想到检查结果竟然是妻子刘丽无法生育！这对于渴望孩子的小两口来说，无疑是晴天霹雳。小两口四处寻医问药，却总是失望而归。回家后看着妻子失落的样子，王磊心里也很不是滋味，只能一边安慰妻子，一边想解决的办法。

这一天，王磊像往常一样来到店里，因为是工作时间，来买东西的人并不多，王磊闲来无事，便坐在店门口晒太阳。这时候，一对年轻夫妇从王磊面前经过，怀里还抱着一个小孩。王磊看着别人可爱的孩子，想到自己无儿无女，心里十分郁闷。就在这时，王磊心里突然冒出来一个想法，既然妻子无法生育，可以在外面抱一个孩子回来啊。就算不是自己亲生的，但是从小养大，和亲生的也没什么区别。王磊越想越觉得这是一个好办法，连忙回家告诉妻子。刘丽因为自己不能生育，心里一直对丈夫怀有歉疚，听了丈夫的打算，刘丽没有表示反对。可是到哪里去找这样一个孩子呢？

这个问题让王磊十分苦恼，他从小就住在镇上，很少有机会出远门，对外面的很多事情也是一知半解。对于怎么收养孩子，他心里并不清楚。就在王磊烦恼的时候，刘丽提醒他：你不是有一个表妹在城里打工吗？城里头人脉广，你让她帮忙问问。妻子的一番话提醒了王磊，对啊，自己的表妹张小玲前几年就去城里打工了，她从小就和自己关系不错，一定愿意帮忙。

王磊二话不说，赶紧联系张小玲。张小玲听到表哥想收养一个孩子，当场表示：没问题，包在我身上，我一定帮你留意。听到表妹同意帮忙，王磊顿时松了一口气。过了没几个月，王磊就接到了张小玲打来的电话，只听张小玲高兴地说：表哥，你托我办的事有着落了！我有一个朋友，因为家里困难，养不起孩子，想把两岁的女儿送人。王磊听了十分高兴，没想到自己托表妹的事这么快就有消息了，连忙表示感谢。只听张小玲在电话那头停顿了一下说：不过对方有一个要求，咱们得给人家 4 万元的“感谢费”。听到张小玲的话，王磊心里犹豫了一下，他隐约觉得，这件事似乎有些不对劲，但对孩子的渴望让他并未多想，很快答应了对方的要求。看到表妹发来孩子的照片后，王磊将 4 万元打到了对方的账户。

2016 年元旦，张小玲抱着两岁的娟娟来到了王磊家中，王磊看到小姑娘乖巧可爱，十分高兴，终于有孩子了！按照王磊的想法，接下来只要安心把孩子抚养大，等自己老了，就可以享受天伦之乐。没想到，仅仅两个月，警察就找上门来。王磊这才发现，自己突发奇想收养孩子的行为，竟然惹上了大麻烦。可当初表妹明明说过是直接和孩子父母联系的，没有告诉其他人，警察是怎么知道的呢？孩子亲生父母都同意了，难道这都不算收养？

法律链接>>>

● 收养关系的成立

收养法第十五条（节选）　收养应当向县级以上人民政府民政部门登记。收养关系自登记之日起成立。

这报警的不是别人，正是孩子的母亲——陈敏，陈敏将孩子送人后，十分后悔，为了找回孩子，她来到公安局。面对警察的追问，陈敏慢慢说出了自己结婚、生子、把孩子送人的经过。

陈敏生在农村，家中生活拮据，初中毕业后来到城里打工。虽然挣得不多，但每个月都会攒一些钱寄回家。不久，陈敏与李伟军相识，两人因为经历相似，有很多共同语言，经常聚在一起聊天。李伟军虽然文化不高，但身材高大，又很会哄人开心，这让陈敏心生爱意。陈敏心想自己背井离乡一个人在外打工压力很大，也很孤独。如果能有一个像李伟军这样的男人照顾，会轻松很多，温暖很多。有了这样的想法，陈敏开始有意无意地向李伟军表达自己的好感，而李伟军对陈敏虽然称不上有多喜欢，但在外漂泊闯荡多年的他心里也很清楚，像陈敏这样的女孩儿才是适合自己的，所以他并没有拒绝陈敏的追求。

很快，两人就恋爱结婚了，但婚后柴米油盐的生活并不如陈敏想象的那么幸福。两人文化水平都不高，只能挣些苦力钱，婚后生活十分拮据。婚后，陈敏才发现丈夫李伟军常常在外打牌赌钱，这让陈敏对这段婚姻更加失望，两人的感情也远不如婚前甜蜜。后来，陈敏生下女儿娟娟后，为照顾女儿，待业在家，家中一切开销都依靠丈夫李伟军微薄的收入。女儿出生后，李伟军经常不回家，越发沉迷于赌博，这让原本就不富裕的家庭更加艰难。两年过去了，陈敏虽然对丈夫有种种不满，但看着女儿一天天长大，心里很高兴。在她心中，虽然家里并不富裕，但一家三口在一起，生活也算圆满。没想到的是，就在陈敏对未来充满期待时，变故发生了。这一天，李伟军回到家，脸色十分难看，陈敏上前询问。原来，李伟军在外面欠了一笔赌债，一共有3万多元，现在对方催得紧，让一周内必须还钱。听到李伟军的话，陈敏心里一惊，丈夫好赌，自己早就知道，可家里经济困难，从哪儿弄这么多的钱啊！3万元对有些家庭或许不是一笔大数目，可是对于他们来说，无疑是一笔巨款。陈敏心里着急，便责怪丈夫说：你明知道家里拮据，出去赌钱也就算了，还欠下这么多的赌债，你让我们娘儿俩怎么生活？以后还怎么过日子？

听到妻子的责骂，李伟军也急了：你还好意思说我！要不是你非要生孩子不可，咱家至于这么困难吗？你天天在家待着不挣钱，家里的开销都要靠我一个人，你现在还来指责我？我告诉你，要么赶紧想办法还钱，要么就离婚，你自己带着这个累赘过吧！听到丈夫这么说，陈敏心中十分难过。现在孩子还小，如果离开丈夫，真不知道以后该怎么生活。可是丈夫现在欠下这么多钱，怎么才能还清呢？

就在两口子吵架的时候，屋里传出了娟娟的哭声，陈敏连忙进屋，抱起孩子。李伟军看着妻子怀中的孩子，灵机一动，他突然想起不久前和一位朋友张小玲聊天时，张小玲曾说起老家表哥想收养孩子的事。李伟军心想，如果自己把孩子送人，顺便再要些钱，问题不就都解决了？想到这，李伟军来到妻子身边说：陈敏，你看，咱们家自打生下这孩子，几乎每个月都入不敷出，现在又欠下这3万多元，怎么也还不上啊。不过现在，我倒是有一个主意，不仅能还上这笔钱，还能改善咱们的生活。听到丈夫的话，陈敏抬起头，忙问道：什么办法？你快说。李伟军犹豫了一下，轻声说道：不如我们把孩子送出去，再要一笔钱，事情不就解决了吗。陈敏瞪大双眼，高声说：你说什么？你要把孩子卖了？这可不行，就算再困难，那也不能卖孩子啊！李伟军耐心劝道：不是卖，是送养，这孩子现在对咱们来说就是一个累赘，而且像咱们家这种情况，孩子跟着咱们也是受苦，还不如给她找个好人家。陈敏扭过头生气地说：你不要再说了，这是我的女儿，我不会让别人带走她的！李伟军见妻子不答应，愤怒地说：如果不同意，那咱俩就只能离婚了，而且我欠的债，是夫妻共同债务，你也得跟着一起还。陈敏见丈夫拿离婚威胁，开始动摇了。对陈敏来说，过去独自在外面闯荡，日子太艰难了，虽然与丈夫结婚后日子并没有多么富裕，但好歹有个家遮风挡雨。即使陈敏心中对丈夫有诸多不满，也从来没有想过要和他离婚。尤其现在自己还带着一个这么小的孩子，一旦离婚，不仅要面对父母的质问，还要承担远比以前更大的生活压力。想到这儿，陈敏退缩了，她自认没有能力，也没有胆量去承担单亲母亲的责任。她安慰自己，也许丈夫说得没错，孩子跟着自己也是受苦，倒不如让她去跟着别人享福。所以，在丈夫的坚持下，陈敏没再阻拦，任由丈夫将孩子带出了家门。其实李伟军早就答应了张小玲，在收到王磊夫妇打给他的4万元钱后，抱走孩子交给了张小玲。拿到钱的李伟军还上了赌债，也没再提离婚的事，仿佛什么事情都没有发生一样，一切又恢复了往日的平静。可在陈敏心里，始终无法放下对女儿的思念，她总是在想女儿吃得饱不饱，穿得暖不暖，有没有哭着找妈妈……陈敏越想越痛苦，她几乎每天晚上都会梦到女儿的哭声，甚至梦到女儿长大后，知道自己抛弃了她，上门指责。陈敏几次从噩梦中惊醒，对女儿的思念让她越发憔悴，她开始后悔当初默许丈夫将女儿送人的决定。

2016年3月的一天下午，陈敏在收拾家中旧物时看到了自己在怀孕期间给女儿做的小布鞋，因为孩子长得快，穿了没多久就被压在箱底。看着这双小鞋子，陈敏回忆起怀女儿时心里的期待，以及女儿出生后一点点长大的样子，想到了和女儿相处过程中的点点滴滴，日夜煎熬的陈敏再也无法抑制对女儿的思念，她失声痛哭，决定要找回自己的女儿。可是怎么才能找到女儿呢？当初一直都是丈夫在与对方联系，自己手里并没有对方的联系方式，这可怎么办？现在丈夫在工地上干活，女儿送人后，陈敏几次跟丈夫打听女儿的下落，丈夫都不肯告诉她，而且警告她不要胡来。陈敏几番思索后决定，无论如何都要把孩子找回来，她瞒着丈夫，来到了公安局。

警察接到陈敏报警后，来到李伟军打工的地方，将李伟军带到公安机关协助调查。警方从李伟军的陈述中发现，这看似单纯的案件背后竟然另有隐情！陈敏是非常传统的女人，一直渴望有一个孩子，认为有了孩子，自己的家才算完整。可是，每当她和丈夫李伟军提起想要孩子，李伟军总是不予回应。李伟军认为，他和陈敏二人在城里打工收入并不宽裕，如果生了孩子，只会让家里的生活更加困难。而且在他看来，养孩子是一件非常麻烦、成本很高的事情，不如自己这辈子过好就行了，所以对于陈敏的要求，李伟军始终置之不理，这让陈敏十分痛苦，工作时总是心不在焉。

而这一切都被陈敏的同乡工友胡大海看在眼中。胡大海几个月前来到陈敏所在的单位打工，因为两个人是同乡，平时比较聊得来。几个月的相处让胡大海的心里对陈敏产生了好感，可是几次表白都被陈敏拒绝。陈敏说，我是有家庭的人，我们只能是同事，不可能谈别的。但胡大海是30多岁的单身汉，屡次被拒绝仍然不死心。见陈敏最近总是情绪低落，胡大海借口放松心情把陈敏约了出来。在与陈敏交流的过程中，胡大海慢慢了解了她的心事，并轻声安慰。胡大海的体贴让陈敏渐渐放松了警惕，想到婚后生活中的种种烦恼，陈敏不禁流下了眼泪，胡大海乘机将陈敏搂入怀中，发生了不该发生的事情。不久，陈敏发现自己竟然怀孕了，她心里清楚，自己不应该留下这个孩子。可一直以来，她都十分渴望能有一个孩子。这毕竟是自己的骨肉，陈敏实在不忍心将孩子打掉。考虑再三，最终决定保住这个孩子，怀孕的事情陈敏并没有告诉胡大海，也不打算以后让胡大海知道，陈敏逐渐冷淡与胡大海的关系。5个月后陈敏担心被同事发现怀孕，主动离职，彻底断了和胡大海的联系。她不希望任何人知道这个秘密，也不希望任何人打扰她的生活。

陈敏本以为事情到此为止可以翻篇了，开始安心养胎，并在心中规划着孩子出生以后的生活。可没想到，胡大海并不听陈敏的话，更未从此断绝联系。相反他经常给陈敏打电话、发短信，这让陈敏很是烦恼。孩子出生后，陈敏一边照顾孩子，一边还要应付胡大海，这让她常常感到力不从心。与此同时，李伟军也开始发现妻子不大对劲，往常自己回家，妻子早已将饭菜做好等着自己，可最近妻子常常忘记做饭，而且饭菜的味道也是时好时坏，联想到妻子最近心不在焉的样子，李伟军心中产生怀疑。直到娟娟一岁半，有一天，李伟军在家休息，无意间看到了胡大海发给妻子的纠缠短信，里面的内容让李伟军气愤不已。难怪妻子总是恍恍惚惚，竟然背着自己和别人好上了！他看着躺在床上的女儿，怎么看怎么不像自己，心里产生了怀疑。他背着妻子，带着女儿到亲子鉴定中心做了鉴定，结果显示，娟娟果然不是自己亲生的，李伟军感到耻辱，回家和妻子大吵一架，甚至提出了离婚的要求。可陈敏并不想离婚，她对这个家、对李伟军有感情，不想离开李伟军，况且一个人也无法把女儿抚养长大。陈敏跟丈夫解释，自己辞去工作就是想断绝和胡大海的联系，是胡大海一厢情愿纠缠自己，辞职后就一直没有见过面，以后也不会跟他有什么瓜葛。陈敏苦苦哀求丈夫，原谅自己，只要不离婚，什么都可以答应。恼羞成怒的李伟军离婚不成，越发沉迷于赌博，他把愤怒都发泄在牌桌上，直到欠下 3 万多元的高额债务。

面对警察，李伟军声称，自己原本就不想要孩子，如今这个孩子还不是自己亲生的，那自己就更没有理由抚养她，反正孩子跟着自己也是受罪，倒不如找个好人家，就算自己要点钱，也是理所应当的。在李伟军看来，把孩子送走，是一个“两全其美”的做法。这样一来，自己既可以摆脱这个小累赘，又能还上欠下的赌债，同时也是对妻子出轨的惩罚。而软弱的陈敏因为心中有愧，加上不愿意面对外界的种种压力，也只能默认了丈夫的要求。

最终，检察院分别以李伟军、陈敏涉嫌拐卖儿童罪，王磊、刘丽、张小玲涉嫌收买被拐卖儿童罪提起公诉。在法院审理过程中，陈敏辩称，孩子是自己亲生的，没有拐卖行为，自己是在丈夫的要求下不得不把孩子送人，因此不构成拐卖儿童罪。而王磊夫妇也声称自己只是收养孩子，双方自愿并不构成犯罪。那么陈敏、王磊夫妇等人的行为是否构成犯罪呢？

法点释义：民间送养、收养的性质认定>>>

最高人民法院、最高人民检察院、公安部、司法部印发《关于依法惩治拐卖妇女儿童犯罪的意见》的通知规定，不是出于非法获利目的，而是迫于生活困难，或者重男轻女思想影响，私自将没有独立生活能力的子女送给他人抚养，包括收取少量“营养费”“感谢费”的，属于民间送养行为，不能以拐卖妇女、儿童罪论处。由此可见，区分借送养之名出卖亲生子女与民间送养行为的关键在于行为人主观上是否具有非法获利的目的。在司法实践中，检察机关在审查是否属于民间送养行为主要注重以下几点进行综合判断：审查送养人送养子女的背景及原因；审查送养人有无收取钱财及收取金额；审查送养人是否关注收养人的收养目的以及抚养能力。具有下列情形之一的，可以认定属于出卖亲生子女，应当以拐卖儿童罪论处：（1）将生育作为非法获利手段，生育后即出卖子女的；(2) 明知对方不具有抚养目的，或者根本不考虑对方是否具有抚养能力，为收取钱财将子女“送给”他人的；(3) 为收取明显不属于“营养费”“感谢费”的巨额钱财将子女“送给”他人的。

法院认为，虽然李伟军、陈敏夫妇名义上是将娟娟送养他人，但实际上二人并非因生活困难无力抚养，而是为了偿还大额赌债，借送养之名将娟娟出卖非法获利，应当认定为拐卖儿童罪。而对于王磊夫妇以及中间人张小玲行为的认定，关键在于其主观是否明知娟娟是被拐儿童，虽然辩称是收养，但并未办理正规的收养手续，其所支付的费用已经远远超过“感谢费”的范畴，因此，应推定其明知对方属于贩卖儿童的行为而购买，构成收买被拐卖儿童罪。最终，李伟军、陈敏因犯拐卖儿童罪，分别被判处有期徒刑 5 年，并处罚金 5000 元和有期徒刑 3 年，缓刑 4 年，并处罚金 3000 元。王磊、刘丽、张小玲因犯收买被拐卖儿童罪，分别被判处有期徒刑 1 年，缓刑 1 年，有期徒刑 1 年，缓刑 1 年和有期徒刑 10 个月，缓刑 1 年。

判决下来后，陈敏十分后悔，欺骗丈夫生下和别人的孩子，本身就是对婚姻的背叛，从孩子出生的那一刻，就注定了悲剧的发生。李伟军虽然不是孩子的生父，但毕竟与孩子存在两年的养育之情，无论是从情理还是法理的角度，李伟军都不应将孩子当成商品进行买卖。为人父母，是世间最快乐，也是最艰难的事情，陈敏和李伟军的生活的确不易，但无论遇到再多的困难，也不能任意践踏孩子的人身权利，正如里根所说：“任何一个孩子因死亡、离婚、被抛弃而失去父母，永远是个悲剧。”对孩子负责，这不仅仅是为人父母最基本的素质，更是对生命和人权最起码的尊重。

案件感言：合法收养>>>

在现实生活中，由于人们法律意识的淡薄，认为收养就是所谓的把别人的孩子领回家自己来养。当然，可以这么通俗的理解，但依我国收养法的规定，要形成合法的收养，就必须收养人和送养人具备一定的条件，同时需要办理合法收养的手续。被收养人为以下不满十四周岁的未成年人：丧失父母的孤儿；查找不到生父母的弃婴和儿童；生父母有特殊困难无力抚养的子女。送养人为以下公民、组织：孤儿的监护人；社会福利机构；有特殊困难无力抚养子女的生父母。收养人应同时具备以下条件：无子女；有抚养教育被收养人的能力；未患有在医学上认为不应当收养子女的疾病；年满三十周岁。收养应当向县级以上人民政府民政部门登记。收养关系自登记之日起成立。自收养关系成立之日起，养父母与养子女间的权利义务关系，适用法律关于父母子女关系的规定。养子女与生父母及其他近亲属间的权利义务关系，因收养关系的成立而消除。

不翼而飞的房子

关键词　房屋权属

2017年秋天北方某市，正在公司上班的韩秀娟突然接到警方打来的电话，说丈夫张俊被拘留了，需要缴纳罚款2000元。一开始，韩秀娟还以为是个诈骗电话，赶紧给丈夫打电话核实，哪知始终没人接听。韩秀娟意识到问题的严重性，整个人开始慌乱起来，丈夫这是犯了啥事？

韩秀娟立马赶往派出所。警察把《行政处罚决定书》递给韩秀娟，看了处罚内容后，韩秀娟傻眼了。丈夫因为吸毒，被行政拘留10天，并处罚金2000元。在来派出所的路上，韩秀娟想了很多种原因，就是没想到丈夫会因为吸毒被抓。吸毒是件可怕的事，一向洁身自好的丈夫怎么就突然吸毒了呢？他什么时候开始吸毒的？自己怎么就一点察觉都没有？

韩秀娟请求见丈夫一面，在等待中想起了两人的过往，试图从中寻找一些蛛丝马迹。韩秀娟是一家培训中心的英语老师，收入颇丰，都市女白领。张俊，是一家外资医疗器械公司的销售代表，张俊为了提升职场英语能力，报了培训班，正巧成了韩秀娟的VIP学员，一对一辅导。张俊一表人才，幽默风趣，令韩秀娟产生好感，张俊对韩秀娟也是一见倾心，两人很快坠入爱河。结婚后双方共同出资买了一套两居室。婚后张俊并不满足在单位拿死工资，打算出来创业当老板，可启动资金不足。于是，张俊提出把房子抵押给银行，办贷款开公司，挣大钱。一开始韩秀娟不同意，但经不住丈夫的软磨硬泡，最终还是答应了，贷了200万元，支持张俊创业。张俊从早忙到晚，公司渐渐有了起色，韩秀娟也有了身孕。韩秀娟幸福地憧憬着未来，如今丈夫却因吸毒被抓，韩秀娟实在无法接受。丈夫会不会是被他人陷害了？

百思不得其解的韩秀娟，被警察打断了思绪。张俊戴着手铐站在角落，非常愧疚地说：“老婆，对不起，我错了。为了谈业务广交朋友，参加各种饭局，结果交友不慎，一次在KTV，在客户和朋友的怂恿下，吸了毒，没想到就上瘾了。这次出来之后，一定会远离那些狐朋狗友和毒品，你一定要相信我！”听完张俊的解释，韩秀娟一句话也没说，伤心地离开了派出所。韩秀娟这辈子最恨的就是吸毒的人，没想到竟被自己碰到了，还是自己的丈夫。韩秀娟感到恐惧和失望，不知道该如何面对。韩秀娟现在最担心肚子里的孩子，孩子将来会不会是畸形儿？会不会影响大脑发育？韩秀娟越想越害怕，最终做了一个惊人的决定。

10天后，张俊拘留期满，回到家中，惊讶地发现韩秀娟肚子里的孩子没了。韩秀娟轻描淡写地向丈夫解释：我害怕孩子有问题，堕胎了。张俊非常气愤，动手打了韩秀娟，从此两人争吵不断。韩秀娟忍无可忍，提出离婚，张俊觉得两人还有和好的余地，没有同意。为了防止韩秀娟向法院起诉，张俊偷偷地把韩秀娟的身份证、结婚证都藏了起来。韩秀娟一气之下离家出走，拿着护照，独自一人去了国外。一方面想躲避丈夫；另一方面韩秀娟早有出国进修的打算。刚到国外那段时间，韩秀娟几乎每天都能接到丈夫打来的电话，催促她赶紧回国。韩秀娟不堪其扰，换了手机号码，自此再也没有丈夫的音信。

在国外的一年，韩秀娟冷静了很多，想回国看看张俊的情况再做决定。韩秀娟回到了国内的家，却惊讶地发现房门的锁已经换了，她的钥匙已经开不了门。就在这时，一个陌生男子从里面打开房门，探出头来说：“你在这儿鬼鬼祟祟地干吗呢？这是我家！”韩秀娟惊讶地说：“这明明是我的房子，怎么成你家了？”不一会儿，陌生男子拿出房本和合同说：“我叫刘新，这房子半年前就已经卖给我了。”韩秀娟觉得不可思议：“这不可能啊，没有经过我的同意，张俊怎么把房子给卖了！”韩秀娟连忙拨打张俊的电话，对方已经停机。张俊现在在哪儿？韩秀娟向亲朋好友打听了一番，最终在婆婆家见到了这个让自己又爱又恨的男人。此时的张俊瘦骨嶙峋，脸色蜡黄，已经患上了严重的肺结核，完全变了一个人，30 多岁的壮年看上去像 50 多岁。张俊知道韩秀娟迟早会找上门来，承认了自己擅自做主把房卖了。他跟韩秀娟解释说："我实在没办法，毒品这玩意儿一旦沾上，想戒掉太难了。我去过戒毒所，出来后很快又复吸了，每天开销很大，只好卖房，现在卖房的钱也花光了。"韩秀娟气得转身离开，她对丈夫张俊彻底失望了。

韩秀娟觉得这房子是婚后买的，虽然登记在丈夫张俊名下，但也属于夫妻共同财产，丈夫没有经过她的同意卖房给刘新，不构成善意取得。韩秀娟诉至法院，以丈夫擅自将夫妻共有房屋出售为由，要求判令张俊与刘新签订的房屋买卖合同无效。在婚姻关系存续期间，丈夫张俊擅自出卖房屋，韩秀娟能否追回房屋呢？买房人刘新是否构成善意取得呢？

法院认为，是否构成善意取得需要从三个方面判断：第一，受让房产时是善意的；第二，以合理的价格转让；第三，不动产已经登记。本案中，房产证登记在张俊一人名下，刘新购买房屋时张俊出示了妻子韩秀娟的身份证原件、结婚证原件，并说明因妻子在国外读书不能到现场，已征得妻子同意并出示了授权书，足以使买房人刘新信以为真，买房人刘新属于善意，支付了合理的价格并办理过户手续，故刘新构成善意取得。

法点释义：夫妻一方擅自处分共同共有的房屋，另一方能否追回？>>>

《最高人民法院关于适用〈中华人民共和国婚姻法〉若干问题的解释（三）》第十一条　一方未经另一方同意出售夫妻共同共有的房屋，第三人善意购买、支付合理对价并办理产权登记手续，另一方主张追回该房屋的，人民法院不予支持。

夫妻一方擅自处分共同共有的房屋造成另一方损失，离婚时另一方请求赔偿损失的，人民法院应予支持。

最终法院判决，刘新签订的房屋买卖合同有效，驳回了韩秀娟的诉讼请求。韩秀娟只能要求丈夫张俊赔偿损失，张俊承认欠妻子的，但卖房款已挥霍，没有经济能力赔偿。判决下来半月后，张俊毒瘾发作身故，韩秀娟的婚姻也因丈夫的死亡而终止。

案件感言：买房时查明房屋权属>>>

为了防止配偶一方擅自出售房产，建议婚后夫妻共同所有的房屋登记在双方名下，保管好自己的身份证、结婚证、房产证、户口本。如果卖房没有经过双方一致同意，一方是难以办理过户登记的，买房人也难以通过善意取得制度取得房屋所有权。

买房是人生的大事，购房者在买房时首先要查清楚所购房屋的权属，可以通过查看房产证的原件并到房管局现场核验房产证真实性，对于产权归属不清楚或产权存在纠纷未了结的房屋不宜购买。对于登记在夫妻双方名下的房产，一定要双方签字或经过另一方同意出售授权；对于只登记在一方名下的房屋，在交易时需查明卖房人的婚姻状况，如已婚属于夫妻共同财产的房屋，需要配偶一并签字。如已婚但房产属于夫妻一方个人财产，最好由配偶签字确认房屋为一方个人财产，最大限度地避免买房引发的权属风险。

负心丈夫要“娶妻”

关键词　离婚补偿　重婚

2017年2月18日，南方某县城酒店宴会大厅里张灯结彩，宾朋满座，这一天是新郎刘伟与新娘王丽喜结良缘的日子。两位新人从千里之外赶回新娘的老家办酒席，参加婚礼的自然都是新娘的亲朋好友。新郎是一家饭店的老板，新娘是店里的服务员，两人由雇用关系发展成恋爱关系。在祝福声中两位新人手牵手踏上了红地毯，就在新郎新娘走到舞台中央转身的一刹那，红地毯的另一端突然出现一位坐着轮椅的女人，她泪流满面，指着新郎颤抖地说：“你这个没良心的，怎么能这样对我！我才是你的妻子！”婚宴大厅顿时炸开了锅，新娘赶紧反驳说：“我的结婚证就在这儿摆着呢，我才是刘伟的合法妻子！”两个女人都说自己是刘伟的妻子，这到底是怎么回事呢？

眼前的一幕让新郎新娘非常难堪，新娘王丽红着脸对父母和在场的亲朋好友解释说，自己28岁时孤身一人来到城里打工，一个偶然的机会应聘到刘伟的饭店打工，刚开始饭店生意很差，没有多少顾客，是自己不辞辛苦地在街头发广告、招揽顾客，想方设法才让饭店生意好起来的。后来，也是刘伟主动追求自己，她被刘伟的真诚打动才有了今天的婚礼。站在一旁的刘伟附和着王丽，频频点头，并不断地向王丽道歉。令两位新人没想到的是，警察来到了婚礼现场，要求刘伟到公安局接受调查，因为刚才有人拨打电话举报刘伟涉嫌犯罪。是谁报的警呢？这轮椅上的女人到底是谁？她和刘伟是什么关系？

轮椅上的女人叫潘红梅，报警的人是潘红梅的父亲，举报刘伟重婚。老人家陪女儿过来，眼前发生的一切让他非常气愤，替女儿报了警。潘红梅与刘伟曾经是青梅竹马的恋人，两人是大学同学，毕业又分到同一城市。刘伟考上了公务员，进了国家机关，潘红梅应聘到一家公司工作，两人工作稳定下来就结了婚，婚后生活非常幸福甜蜜。由于两人都想先努力工作做出点成绩，就没有立马要孩子。转眼三年过去了，潘红梅当上了主管，工作更忙了。刘伟也升职加薪当上了部门科长，手上掌握了一些权力，应酬越来越多，推都推不掉。刘伟是农村孩子，性格里有些“江湖气”，哥们儿朋友的事能帮忙就尽力帮忙。就在2013年春节前夕，令潘红梅意想不到的事情发生了。刘伟突然夜不归宿，打电话也无人接听。潘红梅急得像热锅上的蚂蚁，第二天到单位去找才知道丈夫因经济问题被带走调查了。监察人员在刘伟的办公室搜出了20万元现金，还有一些名贵烟酒。最终，刘伟因犯受贿罪被法院判处3年有期徒刑。潘红梅令人羡慕的幸福生活就此改变。刘伟母亲整日以泪洗面，吃不下，睡不着，担心儿子在监狱里受罪，不久卧床不起。潘红梅除了工作还要照顾卧病在床的婆婆，单位的同事对她丈夫的事时常说三道四，所有的压力潘红梅一个人扛着。都说福不双至祸不单行，接下来等待潘红梅的又是什么呢?

这天早上，家里的煤气用完了，潘红梅不好意思找人帮忙，就一个人骑着摩托，绑上煤气罐，摇摇晃晃地出了家门。半路为了给一辆疾驰而过的大货车让道，结果方向打急了，摔倒在路边的深沟里。她当时完全动弹不得，疼痛难忍，好心的路人叫了救护车把潘红梅送到了医院。医生诊断结果是胸椎错位，打上钢钉固定就能恢复，手术顺利的话，完全可以恢复到像正常人一样行走。手术很快做完了，可是两个月过去了，潘红梅迎来的不是康复，而是噩梦！医生告诉潘红梅，她再也站不起来了，一辈子要在轮椅上度过。潘红梅无比心痛。父母带着潘红梅到北京找专家继续治疗，努力寻找一线希望，毕竟潘红梅刚满30岁，后面还有很长的路要走。去了很多大医院，请教了多位这方面的专家才知道，当初的手术存在失误，钢钉固定偏了，破坏了脊髓神经，导致神经损伤，如今已经错过了最佳治疗时机，无法挽救。真是屋漏偏逢连阴雨，出了车祸加上手术失败，导致潘红梅终身残疾。全家人经过一番商量，决定一边看病，一边打官司，讨回公道。父亲做潘红梅的代理人，担当重任，起诉医院。潘红梅的高位截瘫经司法鉴定是二级伤残，造成伤残的主要原因为医院诊疗行为存在过错，医院承担主要责任。经过两年多艰难而痛苦的维权，潘红梅获得了67万元的赔偿。但是潘红梅已经被病痛折磨得苦不堪言，褥疮、水肿、糖尿病、抑郁症等并发症接踵而来，这把原本不幸的潘红梅再次推向了崩溃的边缘。接下来的路该怎么走？

为了不再拖累年迈的父母，潘红梅想到了死，先后进行了绝食、割腕、吃安眠药，甚至将暖瓶里的开水往头上浇，以求早点结束生命，可每一次都被父母从死神手里拽了回来。直到有一天父亲拿回一张残疾人运动会的海报，对潘红梅说：你可以参加举重比赛，你能拿冠军！我已经给你报名了！当时潘红梅连坐都坐不起来，惊讶地看着父亲，父亲的眼神特别坚定！从那以后，潘红梅每天坚持锻炼，每次都流下豆大的汗珠。在父母的鼓励下，潘红梅找回了重生的勇气和生命的尊严，身体有了好转，心情也舒朗起来。在残运会上，潘红梅获得了梦寐以求的举重冠军。生活的巨大压力没有击垮潘红梅，3年的时间里潘红梅经历了太多痛苦，但心中还有希望，一直盼着丈夫刘伟出狱团聚的那一天，毕竟夫妻俩的感情一向很好。潘红梅一直没让丈夫知道自己出车祸的事儿，她怕狱中的丈夫担心自己。那么，出狱后的刘伟会怎么对待已经高位截瘫的妻子呢？三年的光景两人都跌入了人生的谷底，两人还能幸福如初吗？

2016年春节，刘伟刑满释放。出狱的这天，刘伟发现妻子并没来接自己，颇感意外。妻子是不是嫌弃自己了，还是已经另有打算？刘伟胡思乱想一番，还是决定先回家看看。当刘伟推开家门的那一刻，他被眼前的一幕惊呆了，不敢相信眼前这个坐在轮椅上的可怜女人就是自己的妻子——潘红梅。她完全没有了往日的风采。刘伟知道了妻子的遭遇和母亲病故后，非常痛心。3年的监狱生活，刘伟完全变了一个人，变得沉默寡言，已经不再是以前那个积极阳光的刘伟。刘伟失去工作，没有收入，潘红梅鼓励他振作起来，做点小生意。可是，做生意得有本钱，潘红梅从医疗赔偿款里拿出30万元给刘伟当本钱，经过一番调查后刘伟在离家不远的地方开了一家饭馆，这样既能赚钱，又能照顾妻子。但生意并不像夫妻俩想得那么容易做，开业两个月来，生意一直不好。看着附近几家饭店生意红火，刘伟很着急，分析来分析去，觉得很有可能是因为妻子整天坐在轮椅上在店里来回转悠影响了生意。于是，刘伟决定让妻子留在家里，再招个顺眼能张罗的女服务员进来。后来招进来的女服务员就是年轻漂亮的王丽。正如刘伟所料，自从把王丽招进来以后，饭店生意一天比一天红火，回头客也不断增加。

生意好了，刘伟回家陪伴妻子的时间却越来越少。由于确实忙不过来，刘伟给妻子请了保姆，让妻子在家安心养身体，以后不要来饭馆了。丈夫刘伟对自己越来越冷淡，潘红梅也越来越没有安全感。尽管丈夫不让她到饭店，她还是忍不住去看看，哪怕看到刘伟的一个笑脸，她也会高兴一整天，但她每次去店里看到更多的是刘伟不耐烦的表情。自此，潘红梅去店里的次数越来越少，免得惹刘伟不高兴。此时的潘红梅内心是压抑的、自卑的，她是一个残疾人，不敢奢求丈夫像以前那样爱她，但她清楚地知道自己对丈夫的爱丝毫没有减少，为了维系两人的关系，她更多地选择了隐忍和顺从。

一天晚上，刘伟像往常一样很晚才回到家里。刚一进家门，几个彪形大汉就紧跟着闯了进来，叫嚣着让刘伟赔钱，一张口就是几十万。刘伟被逼得左右为难，说没钱，几个彪形大汉立马动起手来，把刘伟打得鼻青脸肿后扬长而去。由于事发突然，潘红梅不知道丈夫遭遇了什么事，也头一次经历这种阵势，着实吓了一跳。潘红梅打算报警却被刘伟制止了，刘伟说几天前这几个人在店里喝多了酒，调戏服务员王丽，他把他们全部轰出去了。没想到，这几个人记仇，天天来饭馆捣乱，不赔钱就砸场子，眼看生意就做不成了。为了不连累妻子，刘伟决定和妻子潘红梅假离婚，把开业以来赚的钱都放在妻子名下，日后有什么麻烦也不会连累妻子。刘伟的提议遭到了潘红梅的反对，潘红梅觉得既然是夫妻就应该有福同享有难同当，大风大浪都经过了，这几个地痞流氓算什么，就算搭上性命也要跟丈夫刘伟在一起，共同面对。刘伟见妻子态度如此坚决，自此没再提假离婚的事儿。令潘红梅奇怪的是，这几个彪形大汉没有再来捣乱，她心里还嘀咕着，老公真有本事，看来是把问题解决了。但是，潘红梅发现，自从没有答应刘伟假离婚，刘伟变得很不高兴，脾气越来越暴躁，对她也没有好态度，甚至开始夜不归宿。

潘红梅感觉事情蹊跷，但又没有头绪。这天下午，潘红梅意外地收到了一个远房亲戚发来的微信，打开一看，是一份结婚请柬，请柬上的新郎竟然是丈夫刘伟，新娘是服务员王丽。这是怎么回事？难道丈夫背着自己和王丽结婚了？前段时间提出假离婚看来也是骗人的，刘伟难道就这么狠心抛下自己吗？潘红梅特别无助，她回到娘家与父亲商量对策。父亲提议："眼见为实，还是到现场看个究竟。"为弄清真相，父女俩坐了 5 个多小时的高铁赶到婚礼现场，新郎果然是潘红梅的丈夫刘伟。于是，就出现了案例开头的那一幕。令潘红梅不解的是，自己还是刘伟的合法妻子，丈夫怎么就和王丽领了结婚证呢？两个人又是怎么好上的呢？刘伟万万没有想到妻子潘红梅会出现在婚礼现场，精心导演的好戏竟然穿帮了。岳父已经报警，刘伟还来不及解释就被警察带走了。

刘伟到了公安局，向警察交代了事情的来龙去脉。刘伟说他是真心想娶王丽为妻，他坐过牢，出来后在最困难、最迷茫的时候是王丽带他走出了人生低谷。刘伟欣赏王丽的勤奋、热情、美丽，饭店生意在王丽的努力下一天天好起来，只有跟王丽在一起才会感到轻松和快乐。他把王丽看作自己的福星，看作上天送给自己的礼物，越来越离不开王丽。刘伟比王丽大 10 岁，起初王丽把他当大哥看待。不忙的时候，两人在店里也家长里短一起聊天。王丽不喜欢农村生活，才跑出来打工，虽然漂泊不定，但是不想回老家过一成不变的日子。这些年一直没有遇到合适的对象，逢年过节都不好意思回家，亲戚朋友哪壶不开提哪壶，父母也是一见面就逼婚。刘伟虽然坐过牢，但毕竟是有修养有文化的知识分子，深得王丽欣赏、崇拜。感情都是从诉说心事和吐露秘密开始升温的。有一次刘伟喝了点酒，跟王丽诉苦说，妻子高位截瘫，除了法律上的责任、同情和怜悯之外，真的找不到原来的爱情。他不是故意的，爱情这东西说没有就没有了，就是这么残酷。如果扔下妻子他觉得自己良心过不去，可是维持现状回到家，他再也感觉不到幸福，常常处在压抑和纠结之中。每天晚上，旁边睡着一个没有双腿的女人，自己经常做噩梦。刘伟想过正常人的生活，可是看不到希望。王丽在一旁听得直流眼泪，开始同情和理解刘伟。

不久，刘伟开着面包车带着王丽去采购原材料，路上突遇暴雨，看不清前面的路，两人决定找个高处停下来避雨。车里狭小的空间，孤男寡女只有两个人，刘伟没有控制住自己，王丽也没有拒绝，两个人好上了。从那以后一发不可收拾，两人经常在一起。没多久，王丽发现自己怀孕了。刘伟知道后又喜又悲，喜的是自己老来得子终于有后了，悲的是自己还有个没离婚的妻子，这可怎么办？刘伟思索再三后决定与妻子离婚。可是怎么能顺利离婚，把对妻子的伤害降到最低呢？他找了几个在狱中认识的哥们儿假扮小混混，上门闹事，自己趁机提出假离婚，如果成功，既可以顺利把婚离了，也可以给妻子留些钱保障以后的生活。可他没想到妻子没有同意。刘伟想向妻子说实话，又怕妻子想不开，自杀。刘伟越想越沮丧。王丽的肚子一天天大了起来，王丽的娘家知道这事后一直逼着刘伟结婚。时间不等人，情急之下，刘伟瞒着王丽伪造了假的离婚证，然后两人到王丽老家登记结婚。刘伟本不想办婚礼，害怕事情败露，可是王丽却坚持说，穿婚纱走进婚礼殿堂是每个女孩最憧憬的时刻，哪儿有不举行的道理？刘伟无言以对，只好答应王丽在她老家举办婚礼。

潘红梅在父亲的陪同下泪流满面地出现在婚礼现场，是刘伟没有想到的。他跑到千里之外王丽老家的县城办婚礼，就是不想让潘红梅知道这事。谁承想，王丽娘家人满县城发请柬，竟然把请柬传到了潘红梅手中，婚礼还是被潘红梅给搅了。刘伟的内心对潘红梅非常愧疚，觉得扔下这么个残疾妻子是不道德的，但是他又不想后半生都耗在这段没有爱情的婚姻里。即便以后不和潘红梅在一起生活，也会在经济上帮助她。刘伟认为，就算他说了实话，潘红梅也不会同意跟他离婚的，所以，才伪造离婚证，在王丽老家的民政部门跟王丽登记结婚。对于这一切，王丽是蒙在鼓里的，她以为刘伟真的离婚了。得知真相后的潘红梅决定和刘伟真离婚，她觉得继续维系一段没有爱情的婚姻没有任何意义，决定给刘伟自由，主动提出了离婚，但要求刘伟对自己因为照顾婆婆和协助开饭馆予以补偿。潘红梅的让步让刘伟感到既开心又愧疚，于是离婚时除了在财产上让步，还另外支付了一笔补偿金。

法律链接>>>

● 离婚补偿

婚姻法第四十条　夫妻书面约定婚姻关系存续期间所得的财产归各自所有，一方因抚育子女、照料老人、协助另一方工作等付出较多义务的，离婚时有权向另一方请求补偿，另一方应当予以补偿。

既然潘红梅和刘伟已经协商解决婚姻问题，刘伟还会被司法机关追究法律责任吗？刘伟为了达到与王丽结婚的目的，伪造并使用伪造的离婚证，触犯了我国刑法中的重婚罪和伪造国家机关证件罪。但是这两个犯罪行为是手段与目的的关系，构成牵连关系，应从一重罪处理。我国刑法规定，犯重婚罪，处二年以下有期徒刑或者拘役。犯伪造国家机关证件罪处三年以下有期徒刑、拘役、管制或剥夺政治权利；情节严重的，处三年以上十年以下有期徒刑。最终，法院以被告人刘伟犯伪造国家机关证件罪，判处拘役四个月，并处罚金人民币二千元。

法律链接>>>

● 重婚的法律责任

婚姻法第四十五条　对重婚的，对实施家庭暴力或虐待、遗弃家庭成员构成犯罪的，依法追究刑事责任。受害人可以依照刑事诉讼法的有关规定，向人民法院自诉；公安机关应当依法侦查，人民检察院应当依法提起公诉。

刑法第二百五十八条　有配偶而重婚的，或者明知他人有配偶而与之结婚的，处二年以下有期徒刑或者拘役。

刘伟没能与潘红梅共患难，放下了对原配妻子的责任，去追求自己的幸福，只能同甘不能共苦，最终落个“竹篮打水一场空”的结局。刘伟的谎言和入狱，让王丽颜面尽失，情绪激动，导致意外失足后流产。王丽为了摆脱沉重的心理负担，在亲朋好友的劝说下离开了刘伟。而离婚后的潘红梅没有被这一连串的不幸经历击垮，她风里来雨里去，卖充值卡、卖门票、去农村卖化肥，还积极参加残疾人协会的公益组织做义工，积极乐观生活，活出了自己的风采，找到了人生的价值和尊严。

案件感悟：重婚和有配偶与他人同居的区别>>>

重婚是犯罪行为，指的是有配偶者与他人结婚的，或者明知他人有配偶而与之结婚的。构成重婚的婚姻关系包括“法律婚姻”和“事实婚姻”。“法律婚姻”指的是登记结婚的行为，“事实婚姻”指的是未登记，而与他人以夫妻名义共同生活的行为。如何认定行为人构成事实婚姻呢？广东省出台的粤高法〔2000〕18号《通知》第二条规定了两种典型的情形：1. 有配偶的人与他人举行结婚仪式的；2. 有配偶的人虽未与他人举行结婚仪式，但以夫妻相称或者对外以夫妻自居的。

重婚是刑法禁止的行为。在重婚之外，婚姻法中规定了另一种民法禁止的行为：有配偶者与他人同居。“有配偶者与他人同居”，指有配偶者与婚外异性，不以夫妻名义，持续、稳定地共同居住。《广东省高级人民法院关于审理婚姻案件若干问题的指导意见》第十七条规定，“有配偶者与他人同居”，是指有配偶者与婚外异性共同生活，关系相对稳定的，且共同生活的时间达到三个月以上。因此，重婚与“有配偶者与他人同居”的区别，关键在于是否以夫妻名义同居生活。该种违法行为不涉嫌刑事犯罪，行为人需要承担的是民事责任。因一方对婚姻有过错而离婚，财产分割上照顾无过错方的原则判决，同时需对无过错方承担损害赔偿责任。

伸向前妻的黑手

关键词　抚养权　抚育费　探望权

2016 年秋天的一个傍晚，赵凯正在家里和儿子一起看电视，突然听到自家房门被敲得砰砰响，赵凯打开门一看，竟是自己的女友刘杰。只见刘杰气势汹汹地冲了进来，二话不说先给了赵凯两巴掌，然后指着赵凯的儿子说：“这孩子是谁？跟你什么关系？你给我说清楚！”激烈的争吵惊动了左邻右舍，纷纷出来看个究竟。赵凯惹什么麻烦了？

说起赵凯这个人，待人真诚随和，从小在农村长大，大学毕业后应聘到城里工作，十分努力，不到五年就晋升为部门经理。找上门大吵大闹的人不是别人，正是赵凯的女朋友刘杰。两人因为工作而相识，刘杰是典型的都市女孩，见多识广，家境优越非常自我，谈过几次恋爱，最终都不欢而散。直到遇上赵凯，刘杰才觉得找到了真爱。赵凯对她特别体贴，虽然她知道赵凯曾经有过一段婚姻，但是她看重的是赵凯的成熟稳重和对自己的体贴入微，即使离过婚，也不是障碍。既然两人正处在热恋中，一个离异一个单身，赵凯又怎么会出现在别的女人家里？刘杰又怎么会找上门大吵大闹呢？

刘杰是一个非常敏感的人，她和赵凯在一起约会的时候，发现赵凯会背着她接电话。随着两人来往越来越密切，刘杰一旦联系不上赵凯，心里就会产生怀疑，总感觉赵凯有什么事瞒着自己。有一天，刘杰没有事先告知，下了班兴致勃勃地去找赵凯，结果赵凯并没在公司，同事说他刚刚出去。刘杰就紧追其后，看他到底去哪儿了？赵凯刚进入一个住宅小区，一个小男孩跑出来迎接。刘杰当时就愣住了，心想难道他已经有孩子了？刘杰赶快跟上去，看着赵凯进了三楼中间的房间，孩子的笑声不绝于耳。这让刘杰十分气愤，赵凯难道真的骗了自己，跟别的女人在一起？刘杰顿时气不打一处来，使劲敲门。赵凯这一开门，还没来得及说话，刘杰就冲了进来，出现了案例开头的一幕。刘杰愤怒地说："你竟敢骗我！这孩子是谁的？你今天不给我解释清楚，咱俩就没完！"就在邻居围观之时，从门外挤进来一位女士连忙上前拉住刘杰说："姑娘，你别在这儿胡闹，这是我的家。"刘杰一听更来气了，理直气壮地说："你是谁呀？"赵凯见势不妙赶紧拉住刘杰，让后进来的女人带着孩子进里屋，不要参与。赵凯拉着情绪激动的刘杰连声道歉："你听我解释，是我对不起你，事先没有说清楚，不过事情绝对不是你想的那样，其实她就是我的前妻，那孩子是我们俩的孩子。"刘杰听完就愣住了，以前只知道赵凯离过婚，可是赵凯从未说过还有一个儿子。于是，刘杰更加生气了，对赵凯喊道："你为什么骗我？既然选择了我，为什么还和他们在一起？"赵凯只好强行把刘杰拽走，找了个咖啡厅单独向刘杰解释。

原来，赵凯的前妻叫孙芳，是他的高中同学。赵凯大学刚毕业那会儿，农村老家催得紧，两人就在2008年匆忙结了婚。婚后，孙芳进城也没有找到合适的工作，一直在家当家庭主妇。赵凯那时刚进公司，一心想着要做出一番事业来，加班、应酬是家常便饭，孙芳就常常被冷落，两人感情越来越淡。赵凯后来晋升为部门经理，两个人的差距越来越大，也越来越没有共同语言。

赵凯自从遇到了刘杰，坠入爱河难以自拔。刘杰年轻漂亮，是那种现代、时尚的职业女性，才貌双全，非常吸引赵凯。他下定决心向妻子提出了离婚。孙芳非常清楚和丈夫的差距，内心很自卑，看赵凯去意已决，才勉强同意离婚，但是孩子怎么办？怎么向双方家人交代？经过两人协商，孩子留给孙芳抚养，但就在办理离婚手续的时候，孙芳的父亲患了重病，住进医院。孙芳既要照顾父亲，又要照顾孩子，怎样才能不让老人和孩子因为离婚而受到伤害？赵凯和孙芳商量，离婚的事先瞒着家里人，尤其是孩子。可是具体怎么操作？最简单的办法就是离婚不离家，以后有合适的机会再公开。离婚后，赵凯虽然在外面租了房子，但是隔三岔五还是会回到前妻这边住，不过赵凯即使回到前妻这边，也是和孩子住在一起。而对于这一切，刘杰毫不知情。

赵凯含着眼泪对刘杰说："我之所以这么做，既是怕伤害孩子，也怕伤害你，始终没敢说我有个儿子，就是怕你嫌弃我，跟我分手。"赵凯说完这些，长舒了一口气说："自从喜欢上你，这就是我的一个心结，我一直觉得配不上你，一直没敢跟你说实话，现在终于解开了。"听到这儿，刘杰觉得赵凯还是在乎自己的，虽然在孩子的问题上骗了自己，但也是出于善意，赵凯也算得上是个负责任的男人。刘杰冷静下来对赵凯说："这次就算我原谅你了，但是有个条件，你得跟家人和周围的人公开你们已经离婚了，而且不可以再住在前妻那儿，不然我算啥？"

这次的闹剧之后，赵凯虽然答应刘杰跟家人公开离婚的事，但是却没有立刻执行。刘杰是个疑心很重的人，她发现赵凯有孩子后，格外注意赵凯每日的行踪。有一次，两人相约共度周末，正在共进烛光晚餐时，赵凯的电话突然响了，听见电话那头一个女人急促的声音，赵凯起身就走，说孩子病了，马上得去医院。刘杰已经猜到了是赵凯前妻的电话，浪漫的二人世界就这么被打破了。刘杰这段时间还发现，前妻每次打电话来，赵凯都很耐心照办，语气也很温和，这哪儿像已经离了婚的夫妻？刘杰的眼里可容不下沙子，这前妻是不是还惦记着复婚呢？老拿孩子当幌子，叫赵凯过去。刘杰忍无可忍，背着赵凯去找孙芳谈判。见到孙芳，刘杰表现得非常强势，进屋就直接坐到沙发上，表明自己的态度，对孙芳说："既然你已经和赵凯离婚了，就别再纠缠了。现在，和赵凯在一起的是我，希望你知趣退出，不要让彼此都难堪。"孙芳无奈地说："赵凯是因为惦记孩子，每次都是来看孩子的，我也不能不让他来吧，这也是赵凯的权利，我哪儿管得了啊。"这话不软不硬把刘杰噎得够呛，刘杰拿孙芳也没什么办法。不过，每次刘杰知道赵凯去前妻那就会怒火中烧，嫉妒心发作让她展开了无数联想，想象着赵凯和前妻亲密的样子。刘杰觉得不能坐以待毙，她想直接阻止赵凯去前妻那看孩子肯定会导致两人矛盾，于是想了一个法子：只要赵凯去前妻孙芳那儿，刘杰就肯定会不请自来，找孙芳单独谈一次，孙芳最后是不堪其扰，最终答应刘杰限定赵凯看孩子的次数。

法律点>>>

● 探望权

婚姻法第三十八条　离婚后，不直接抚养子女的父或母，有探望子女的权利，另一方有协助的义务。

行使探望权利的方式、时间由当事人协议；协议不成时，由人民法院判决。

父或母探望子女，不利于子女身心健康的，由人民法院依法中止探望的权利；中止的事由消失后，应当恢复探望的权利。

赵凯去前妻那看孩子的频率低了，也把离婚的事正式告诉了父母和孩子，刘杰的心情好多了，两人开始筹备婚礼。2017年年初，两人挑了个黄道吉日领了结婚证，邀请亲朋好友举办了婚礼，从此过上了幸福的二人世界，而刘杰也不再去骚扰孙芳。可是，好景不长，刘杰发现，赵凯又开始往前妻那儿跑，有时候挺晚才回家，刘杰问起来，赵凯总是说孩子体弱多病需要照顾。刘杰并不相信，她觉得事情也许并不是那么简单。愤怒的她开始跟踪赵凯，决定弄清楚丈夫赵凯到底是陪孩子还是陪前妻。有一次，她跟踪赵凯时发现丈夫带着前妻和孩子去游乐场玩，看上去一家三口其乐融融，这哪儿还像自己老公啊，这可把刘杰给气坏了。刘杰忍住怒火回到家，晚饭也没有吃，等赵凯晚上一进家门，她就开始跟赵凯谈判，质问赵凯陪孩子为什么要带上前妻，不是已经离婚了吗，怎么还藕断丝连？赵凯哄着刘杰说：我的老婆呀，以后我们也会有孩子，到时候你就知道想孩子的滋味了。不要总是酸溜溜的，现在孩子小，离不开他妈，不要跟小孩子计较啦，我的心里只有你。刘杰被哄得没话说，两个人的沟通结束了，但问题并没有真正解决，因为前妻和赵凯照旧联系着。

在刘杰看来，前妻是最大的敌人，她觉得孙芳这个女人很有心计，说话一点都不算数，于是再次找孙芳谈判。刘杰之前多次来闹事，孙芳心里既反感又有些害怕，看到“不速之客”又来找麻烦，自然是比较抵触。刘杰把拍的三人在游乐场的照片给孙芳看，再次强调希望孙芳远离赵凯。孙芳看着照片说：爸爸带着孩子玩很正常啊！管不住自己的男人，不要来找别人麻烦。刘杰反驳说：爸爸带着孩子玩算正常，但是你去就不正常，你们已经离婚了，知道吗？孙芳说：孩子是我从小带大的，离不开我，我是为照顾孩子去的，你的想象力也太丰富了。刘杰很意外，一向软弱好欺的孙芳怎么突然强硬起来了？这次谈判不但没有占到便宜，反倒受辱。刘杰觉得孙芳无论哪方面都比不过自己，而且明明没理，还强词夺理。刘杰从小没吃过亏，气得摔门而去。

回家的路上，刘杰还是平息不了内心的愤怒。她觉得，赵凯这个人哪儿都好，就是心太软，容易被人利用。孩子年幼，基本没啥开销，赵凯却仍旧给付大额抚育费。而且赵凯和孙芳已经离婚两年了，孙芳没有再婚，也没有工作，肯定是吃定赵凯了，想让赵凯养她一辈子。自己和赵凯已经结婚，孙芳就是夹在两人中间的“绊脚石”，不解决她的问题，两人之后难有安宁的日子，一定要给她个教训，让她离赵凯远点。

法律链接>>>

● 抚育费的承担

婚姻法第三十七条　离婚后，一方抚养的子女，另一方应负担必要的生活费和教育费的一部或全部，负担费用的多少和期限的长短，由双方协议；协议不成时，由人民法院判决。

关于子女生活费和教育费的协议或判决，不妨碍子女在必要时向父母任何一方提出超过协议或判决原定数额的合理要求。

因此，刘杰开始暗地里使坏，悄悄买了桶油漆，趁孙芳送孩子上学的时候，将油漆泼到孙芳家的门上，一片狼藉。孙芳送完孩子回家的时候，见到这景象吓坏了，立马报警。楼道里的监控早就坏了，也没有查出是谁干的。孙芳觉得自己没有得罪什么人，最有可能干这事的就是刘杰，但是没有证据。赵凯去看孩子，发现门上的油漆，孙芳跟赵凯说了这事，怀疑是刘杰干的。赵凯并不相信刘杰会做这种“下三烂”的事情，回家后试探着问刘杰，也没问出啥。半个月后，孙芳家的门锁被堵死，找了开锁公司才打开，孙芳确信这一切都是刘杰所为。她非常愤怒，于是打听到刘杰的单位，到单位向领导反映刘杰的所作所为。孙芳一把鼻涕一把泪地控诉，说刘杰欺负农村人，往她家泼油漆，经常找她麻烦。孙芳的哭诉引来了同事的围观，影响了办公秩序，领导最后答应会好好做刘杰的工作，孙芳这才离开。刘杰单位的领导不愿参与这些家务事，但是毕竟闹到单位了，影响到了工作，于是，单位领导要求刘杰好好处理自己的私事，不要再出现类似情况。刘杰为这事丢尽了脸面，更加仇恨孙芳。

刘杰思索着，孙芳已经开始反攻，还有什么招能控制孙芳呢？刘杰把目光转向了孙芳的儿子，打电话威胁孙芳，如果再发现孙芳和丈夫赵凯来往，就会鼓动赵凯争夺抚养权，让孙芳从此失去儿子。孙芳一听就慌了，如果刘杰要抢孩子的话，这简直要了她的命。她马上哀求赵凯千万不要跟自己抢孩子的抚养权，赵凯知道后很生气，生气地对刘杰说：“你是不是疯了？你这不是胡闹吗？这孩子跟着他亲妈不是很好吗？你不要总是疑神疑鬼的，我只是去看孩子，你别没事找事。”刘杰见赵凯真的生气了，连忙说：我只是开开玩笑，吓唬吓唬孙芳而已。事后，刘杰觉得无论如何都不能输给这个农村女人，此计不通，就另寻他法。此时的刘杰还没有意识到自己在仇恨的道路上已经越走越远，越来越疯狂，也不知道自己的任性究竟会带来什么后果。

法律链接>>>

● 离婚后，孩子由谁抚养？

婚姻法第三十六条（节选） 离婚后，哺乳期内的子女，以随哺乳的母亲抚养为原则。哺乳期后的子女，如双方因抚养问题发生争执不能达成协议时，由人民法院根据子女的权益和双方的具体情况判决。

《最高人民法院关于人民法院审理离婚案件处理子女抚养问题的若干具体意见》第三条 对两周岁以上未成年的子女，父方和母方均要求随其生活，一方有下列情形之一的，可予优先考虑：

（1）已做绝育手术或因其他原因丧失生育能力的；

（2）子女随其生活时间较长，改变生活环境对子女健康成长明显不利的；

（3）无其他子女，而另一方有其他子女的；

（4）子女随其生活，对子女成长有利，而另一方患有久治不愈的传染性疾病或其他严重疾病，或者有其他不利于子女身心健康的情形，不宜与子女共同生活的。

法律链接>>>

● 抚养关系的变更

《最高人民法院关于人民法院审理离婚案件处理子女抚养问题的若干具体意见》第十六条 一方要求变更子女抚养关系有下列情形之一的，应予支持。

（1）与子女共同生活的，一方因患严重疾病或因伤残无力继续抚养子女的；

（2）与子女共同生活的一方不尽抚养义务或有虐待子女行为，或其与子女共同生活对子女身心健康确有不利影响的；

（3）十周岁以上未成年子女，愿随另一方生活，该方又有抚养能力的；

（4）有其他正当理由需要变更的。

2017 年 5 月的一天，孙芳带着儿子回老家探亲，最近她经常感到头晕恶心，一开始以为只是普通的小毛病，可是症状越来越重。孙芳开始掉头发，甚至走路都困难，娘家人这才认识到病情的严重性，连忙将她送到医院。可是，当地医院给她做了多项检查，也没有查出到底是什么病，一时无法确诊，建议他们赶快去大医院做进一步的诊断治疗。于是，娘家人带孙芳回到城里的大医院，她的病情才得到确诊。医院认为，孙芳是服用了某种化学物质，造成身体机能损坏。可是，翻遍了家里的各个角落，也没有发现任何化学物质的蛛丝马迹，难道是有人想谋害孙芳，谁会下这么狠的手呢？要是孩子一不小心染上，后果不堪设想。家人们越想越害怕，于是赶快报了警，警方迅速立案并展开调查。

赵凯得知前妻中毒住院，心里很纳闷儿。前妻孙芳也算得上是一个老实人，从不招惹是非，和前妻有冲突的也就是妻子刘杰。赵凯心想，刘杰虽然有些任性，和孙芳有一些误解和摩擦，但也并不至于谋害前妻，她绝对不会胆大到这个地步。可是赵凯心里又有些犹豫，万一是她可怎么办？于是，赵凯连忙找到刘杰，试探着问是不是她干的，刘杰照旧反驳说："怎么可能是我？你怎么能怀疑我？我确实和她有一些小过节，可是我最近不是很老实没找她麻烦吗？"虽然刘杰反驳得很硬气，可是赵凯发现她脸上有些不自然，于是赵凯对刘杰说："是不是你干的只有你自己知道，要真的是你干的，你等着坐牢吧！孙芳现在正在抢救，生死未卜。"刘杰一听害怕了，连忙说："怎么可能这么严重？我只是想给她个教训，让她离我们远点。"赵凯虽然有些准备，但是听到刘杰亲口承认还是很惊讶，继续问道："真的是你干的？你怎么能这么傻？"赵凯连忙压低声音，想弄清楚这到底是怎么回事。

原来，刘杰婚后最大的不满就是孙芳以孩子为由经常找赵凯。如果说两个人中一定有一个要离开赵凯，刘杰觉得只能是孙芳，不可能是自己。从小只要自己想要的东西没有得不到的，别人休想来分一杯羹，可是刘杰始终也没有想出什么好办法。一次偶然的机会，刘杰无意中看到慢性中毒可以让人变傻的消息，信以为真。要是把孙芳变傻了，不就会远离丈夫了吗？于是查了一些资料，从网上购买了一些化学物质。假意约孙芳出来和谈，说自己和赵凯已经商量好了，关于孩子抚养权的问题，共同达成一个和平共处的方案。孙芳信以为真，答应和刘杰在餐厅见面，哪知正是这一顿饭让孙芳坠入了深渊。刘杰约孙芳出来吃饭，趁其不备将事先准备好的有毒化学物质放入孙芳的杯子里，当时孙芳也并未察觉，喝下了有毒的饮料。果真，没过几天就听说孙芳住院了，但是并没有想到会这么严重，甚至有生命危险。

听完刘杰的交代，赵凯非常惊讶，惊讶妻子不顾后果的报复和任性。同时也感到非常内疚，这一切的源头都是自己，自己没有处理好两个女人的关系，没能及时打消妻子的怀疑，才导致矛盾不断升级，两个女人他都对不起。目前最重要的是帮现在的妻子摆平投毒的事，再来还前妻的债。

于是，赵凯和刘杰商量销毁一些证据。赵凯说："现在公安机关已经立案，孙芳在抢救中，情况怎么样还不知道，说不定很快就会找到你，我也不能眼睁睁看你进去，咱们得想点办法。"刘杰这时候也害怕了。赵凯要求刘杰赶快删除网购记录和与孙芳的联系短信。随后，赵凯又赶到医院看望孙芳，趁机删除了孙芳手机上的往来短信，彻底销毁了两人来往的证据。然而，赵凯在医院格外关心孙芳的行为引起了孙芳父母的怀疑。孙芳的父母觉得女儿现在被害成这个样子，嫌疑最大的就是赵凯。赵凯两年前离婚抛弃妻儿，娶了城里的媳妇。据女儿讲，这个城里的媳妇很霸道，经常欺负人。现在赵凯又一反常态地到医院来献殷勤，是心虚的表现。于是，孙芳的父母把怀疑告诉了警方。

警方很快找到赵凯，在警方的询问下，赵凯露出了马脚。警察调出了医院的监控录像，发现赵凯趁人不备操作孙芳的手机，证据面前赵凯予以承认。最终，刘杰也难逃法网，被警方抓获。本案中，刘杰投放化学物质致孙芳昏迷不醒成了植物人，构成重伤，其行为构成故意伤害罪，受到法律的制裁理所应当。而赵凯在知道妻子刘杰犯罪后，没有劝其投案自首，而是选择帮助刘杰毁灭作案证据，使得公安机关的侦查陷入困难，不能及时将犯罪嫌疑人捉拿归案，构成帮助毁灭证据罪。最终，法院以帮助毁灭证据罪判处赵凯有期徒刑两年六个月；以故意伤害罪判处刘杰无期徒刑，剥夺政治权利终身。在民事部分，判决刘杰赔偿孙芳总计 95 万元。

案件到这儿，我们看到的是一个悲惨的结局。两个女人，一个被判无期徒刑，另一个成了植物人。刘杰和赵凯双双身陷囹圄，95 万元的赔偿款也让刘杰倾家荡产。成了植物人的孙芳由父母照顾，用赔偿款来支付医药费维持着生命。这场博弈中没有赢家。什么才是这场悲剧的祸根呢？赵凯再婚后，始终在妻子和前妻之间狼狈周旋。赵凯惦记年幼的孩子，难以避免地与前妻联系，履行作为孩子父亲的责任，这本来不是过错。而初婚的刘杰是一个占有欲极强的女人，面对再婚常见的问题，她没有选择包容，而是通过极端手段走上了犯罪道路。如果说婚姻是瓷器，再婚的家庭更加易碎，既然选择了再婚，就应理性地处理和面对复杂的关系，当无法驾驭或者无法承受时，选择离开会比选择毁灭更加理性。

案件感悟：从法律角度看待和处理离婚后的子女抚养>>>

如何正确处理孩子问题在很大程度上决定再婚夫妻的幸福度。一段婚姻结束了，破裂的只是夫妻关系，亲子关系是如何也斩断不了的。所以，对于孩子的抚养问题，父母双方都需要根据实际情况，做出最佳的选择。离婚后，不直接抚养子女的父或母，有探望子女的权利，另一方有协助的义务。不直接抚养子女的父或母需定期给付抚育费。《最高人民法院关于人民法院审理离婚案件处理子女抚养问题的若干具体意见》规定，子女抚育费的数额，可根据子女的实际需要、父母双方的负担能力和当地的实际生活水平确定。有固定收入的，抚育费一般可按其月总收入的百分之二十至三十的比例给付。负担两个以上子女抚育费的，比例可适当提高，但一般不得超过月总收入的百分之五十。无固定收入的，抚育费的数额可依据当年总收入或同行业平均收入，参照上述比例确定。有特殊情况的，可适当提高或降低上述比例。

丈夫杀妻的背后

关键词　非法债务　夫妻共同债务

2018 年 2 月的一天，老肖正在家做午饭，突然接到儿子肖峰的电话，说要离开人世，还要带着老婆一块儿走，结束眼前的一切。还没等老肖反应过来，儿子就挂了电话。老肖非常着急，儿子早上出去还好好的，怎么突然就要自杀了？情况紧急，老肖放下电话，立马出门打车去儿子的住处。到了以后，却发现屋里一个人也没有，儿子会去哪儿呢？

老肖看儿子不在家，电话也打不通，顿时急得团团转。儿子在电话里说要带老婆一起走，会不会在亲家那边？于是，老肖又急急忙忙赶往亲家。到了亲家的住处，老肖被眼前的一幕惊呆了。空气中弥漫着一股血腥味，儿子躺在门口，手腕已经割开，在不停地流血，奄奄一息。老肖推开虚掩的房门，发现儿媳倒在墙角，浑身是血，没了呼吸。难道是儿子杀了儿媳？老肖顾不上过多思考，立马呼叫救护车抢救儿子，同时还报了警。

警方接到电话后迅速赶了过来。老肖向警方确认，男的是儿子肖峰，女的是儿媳王丽，因为两人最近在闹离婚，王丽搬回娘家住。就在这时，王丽的母亲买菜回来，看到家门口又是警车，又是救护车，不知道出了什么事，就凑过来看个究竟，没想到看到的竟然是女儿的尸体。王丽的母亲失声大哭，疯了一样冲过去抓住老肖的手说：“还我女儿！还我女儿！”警察将王丽的母亲拉开，继续对老肖展开问话。老肖向警方交代，中午儿子在电话里说，不想失去王丽，要和王丽一起走，希望老肖能把两人合葬在一起。这辈子最愧对的就是父母，不能尽孝是最大的遗憾。说罢，儿子就挂了电话并关机。

等老肖赶到，悲剧已经发生了。从现场的情况看，没有外人进入的痕迹，作案凶器是一把匕首，警方初步判断这是一起丈夫杀害妻子后又自杀的案件。那么，肖峰为什么要用如此极端的手段与妻子同归于尽？

警方从王丽母亲那儿了解到，王丽从小生活在一个单亲家庭，一直梦想着成为空姐，飞翔蓝天。王丽是一个聪明伶俐、学习刻苦的姑娘，加上外表出众，最终如愿以偿当上了空姐。在一次飞行中，肖峰被王丽深深吸引，并展开疯狂追求。当时，30多岁的肖峰已经是一家公司老板，送花送车，各种殷勤浪漫，并对王丽处处关心。用王丽的话讲，体会到了从未有过的父爱般的温暖。肖峰的成熟性格和厚实的肩膀让王丽觉得这个男人可以依靠，最终答应了肖峰的追求。交往那会儿，王丽一回家总说，肖峰如何好，如何优秀。不久，王丽把肖峰带回家见母亲，王丽母亲反对两人在一起，因为两人年龄差距太大，以后会出问题。王丽刚刚20岁出头，肖峰比王丽大了10岁。而且肖峰还有过一段婚姻，带着儿子。王丽要是嫁过去，岂不是20岁就当了后妈，这太委屈女儿了！王丽一向很听母亲的话，慢慢地开始动摇了。几天后，王丽哭着回家，对母亲说，肖峰的妻子到单位闹，当众指责王丽是破坏别人家庭的第三者。王丽这才知道肖峰其实没有和妻子离婚，一气之下就和肖峰分手了。可是没过多久，两人又好上了。原来，肖峰起诉离婚后，拿着法院出具的离婚判决书，向王丽求婚。婚后，肖峰在小区附近给丈母娘买了一套房，便于王丽母女俩经常见面。王丽母亲向警方说到这儿，话锋一转，说美中不足的是，肖峰工作比较忙，有时候几天不着家。为此，小两口开始吵架了。一次，女儿跑回来哭着说，肖峰经常以谈生意、招待客户为由出入夜店，醉醺醺地回到家，白衬衣上有红红的唇印，王丽说了几句气话，肖峰就动手打人。而且肖峰在结婚前故意夸大经济实力，女儿婚后才知道，肖峰并没有他吹嘘的那么有钱。虽然女儿并不是冲肖峰的钱去的，但是这么做对女儿来说是赤裸裸的欺骗，所以女儿决定离婚。王丽母亲继续说，作为母亲，她不反对女儿的决定。没想到在法院开庭的前一天，肖峰竟然狗急跳墙把女儿杀了，要求警察一定要予以严惩。

按照王丽母亲的说法，夫妻闹离婚是由肖峰的欺骗和不忠引起的。实际情况是不是这样呢？肖峰被送往医院后，一直昏迷不醒，还在抢救中。肖峰父亲不认可王丽母亲的说法。肖峰父亲告诉警方，儿子对王丽的付出超出常人的想象，只要是王丽提出的要求，儿子都尽全力满足。豪车、名牌化妆品、名牌衣服、名牌包，王丽应有尽有，儿子还给丈母娘买了一套房，上哪儿找也找不到像儿子这样的好男人、好丈夫。错在儿媳，儿媳红杏出墙，和外人合伙欺骗儿子，而且在医院当着生病老伴儿的面跟儿子闹离婚，当场就把老伴气死了。儿子一定是因为王丽太过分了，一时冲动，做了傻事。肖峰父亲说的这个外人是谁呢？两口子离婚的原因到底是什么？

经过三天三夜的抢救，肖峰终于苏醒过来，随后向警方交代了事发的前后经过。2015 年年初，肖峰隔三岔五会遇到一些烦心事，汽车轮胎被人戳破，家门被泼油漆，还经常收到一些恐吓短信。这让肖峰感到非常恐惧，是什么人干的？意欲何为？肖峰想不明白，也不敢轻易报警，决定找个人帮自己把这事查清、摆平。肖峰想起了在茶楼认识的铁铮，此人不一般。据说铁铮家里很有背景，黑白两道通吃，没有他搞不定的事。于是，肖峰立马约铁铮在茶楼见面，说了自己最近遇到的窝心事，让铁铮出出主意。铁铮分析说，这不像是竞争对手干的，你很可能得罪黑社会了，这是黑道上的惯用手段。但是也不用过于担心，我可以通过父亲的朋友与黑老大取得联系，帮你说说情。急于破财免灾的肖锋立马掏了 20 万元给铁铮，要求尽快摆平。别说还真起了作用，自从铁铮出面帮忙解决后，肖峰就再也没有受到过威胁与骚扰。这件事后，肖峰对铁铮的背景和能力深信不疑，两人的关系也不断深入，不是亲兄弟胜似亲兄弟，甚至把铁铮带到家里吃饭。

肖峰爱炒股，有一次，和铁铮在茶楼喝茶，说自己在股市赔了不少钱的烦心事。铁铮笑着说，炒股玩的就是心理素质，在别人恐惧时贪婪，在别人贪婪时恐惧，得低点进高点出才行。不过，股市风险大，你应当把钱投到赚钱的地方。肖峰连忙问，投啥挣钱？铁铮一边喝茶一边说，最近和一位“大哥”在运作一个 5 亿多元的养老项目，土地已经批了，如果感兴趣，可以投资，肯定赚大钱，一倍的利润绝对没问题。股市走低导致肖峰的财产一直在缩水，之前的风光与如今的落寞让肖峰压力重重，听铁铮这么一说，喜出望外，心动了。于是，铁铮带着肖峰到项目现场看了一下，一大片的空地正等待开发，肖峰仿佛看到了遍地黄金。铁铮强调，项目并不缺钱，所以并不希望社会上的闲散资金介入，这次是看在情面上，才给肖峰一个赚钱的机会。肖峰为了感谢铁铮，说要安排一次出国旅行，并要带上媳妇王丽一起逛逛。铁铮第一次到肖峰家做客，就被王丽的美貌迷住了，听到王丽也参加这次旅游，相当高兴。这次旅游，肖峰花了20多万元，然后把280万元存款投到了铁铮介绍的项目上，希望可以打个翻身仗。殊不知，妻子王丽已经对肖峰产生了不满。

原来，两人结婚后，王丽发现肖峰没有说实话，并不像恋爱时说得那么富有。生意也一直在下滑，炒股也不断亏损，丈夫还欠了几十万元赌债。这让王丽特别担心，对于丈夫的赌债，王丽要不要承担？

法律链接>>>

● 非法债务是否属于夫妻共同债务

《最高人民法院关于适用〈中华人民共和国婚姻法〉若干问题的解释（二）》第二十四条　债权人就婚姻关系存续期间夫妻一方以个人名义所负债务主张权利的，应当按夫妻共同债务处理。但夫妻一方能够证明债权人与债务人明确约定为个人债务，或者能够证明属于婚姻法第十九条第三款规定情形的除外。

夫妻一方与第三人串通，虚构债务，第三人主张权利的，人民法院不予支持。

夫妻一方在从事赌博、吸毒等违法犯罪活动中所负债务，第三人主张权利的，人民法院不予支持。

《最高人民法院关于依法妥善审理涉及夫妻债务案件有关问题的通知》第四条

区分合法债务和非法债务，对非法债务不予保护。在案件审理中，对夫妻一方在从事赌博、吸毒等违法犯罪活动中所负的债务，不予法律保护；对债权人知道或者应当知道夫妻一方举债用于赌博、吸毒等违法犯罪活动而向其出借款项，不予法律保护；对夫妻一方以个人名义举债后用于个人违法犯罪活动，举债人就该债务主张按夫妻共同债务处理的，不予支持。

肖峰基于赌博产生的债务，不属于夫妻共同债务。王丽对肖峰越来越不满，越来越冷淡，一天在家说不上几句话。对此，肖峰十分郁闷，倍感压力，这次把全部身家压到铁铮介绍的项目上，希望打个翻身仗。这天晚上，肖峰回到家中没有看见王丽，却在客厅桌上发现了一封离婚协议书，旁边还有一张字条，上面写着："我走了，协议书签了之后联系我，我们去办离婚手续。"肖峰感到非常意外，虽然两人关系不像结婚时那么甜蜜，可是自己对王丽、对这个家是一片真心，百分之百地付出，妻子怎么会突然提出离婚呢？而且在离婚协议书里要求自己承担一切债务。对于肖峰生产经营产生的债务王丽是否要承担？

法律链接>>>

● 夫妻共同债务的认定

《最高人民法院关于审理涉及夫妻债务纠纷案件适用法律有关问题的解释》第三条　夫妻一方在婚姻关系存续期间以个人名义超出家庭日常生活需要所负的债务，债权人以属于夫妻共同债务为由主张权利的，人民法院不予支持，但债权人能够证明该债务用于夫妻共同生活、共同生产经营或者基于夫妻双方共同意思表示的除外。

家庭日常生活需要是指通常情况下必要的家庭日常消费，是维系一个家庭正常生活所必需的开支。国家统计局有关统计资料显示，我国城镇居民家庭八大类消费支出分别是食品支出、衣着支出、家庭设备用品及维修服务支出、医疗保健消费、交通和通信支出、教育文化娱乐服务支出、居住支出、其他商品和服务支出。家庭日常生活的范围，可以参考上述八大类家庭消费支出予以认定。

如果肖峰借来的钱用来买房子、看病、给王丽买礼物等家庭支出，即使王丽不知情，不认账也没用，从用途上看用在家庭支出了，认定为夫妻共同债务。

肖峰拿着离婚协议迫不及待地找妻子想问个究竟。肖峰来到丈母娘家，希望跟妻子好好谈谈。可是，妻子王丽的态度非常坚决，用手指着肖峰说，你自己做的好事，还用我提醒吗？肖峰丈二和尚摸不着头脑，继续哄着王丽回家。王丽冷冰冰地说：这一次，我绝对不会再原谅你，我已经决定了，如果你不同意协议离婚，我就诉讼离婚。肖峰还是不明白到底发生了什么？王丽说，你这是不见棺材不落泪。说罢递给肖峰一个光盘，让肖峰回去慢慢欣赏。肖峰无奈，回到家中打开一看，原来是前几天在夜店与一位陪酒女在一起的亲密画面。肖峰顿时愣住了，这段视频是从何而来？是谁把视频给妻子的？难道是妻子派人跟踪？肖峰百思不得其解，连忙向妻子道歉，说和几个朋友一起去的，就是喝喝酒，根本没有做对不起她的事，铁铮也去了，可以作证，恳求王丽原谅。王丽不为所动，坚持离婚。肖峰见劝说妻子无望，想到了好哥们儿铁铮，心想铁铮经常到家里来，跟妻子王丽关系也不错，决定让铁铮帮忙劝劝。谁知，铁铮介入以后，夫妻俩的关系不但没有缓和，反而在几天后王丽向法院提起了离婚诉讼。

屋漏偏逢连阴雨，王丽提起离婚诉讼没几天，肖峰的母亲病重住院。经检查，肖峰的母亲需要做心脏搭桥手术，医疗费用20多万元。肖峰公司的生意每况愈下，入不敷出，连工人的工资都发不出来。肖峰考虑到，公司盈利的时候，每月都会拿出一部分钱交给妻子保管。如今母亲病危，何不拿出来应急。哪知王丽一口拒绝，声称这笔钱归她自己所有，肖峰无权主张。肖峰没有办法，给铁铮打电话，问投资的项目怎么样了？能不能先分点红利，把眼下的燃眉之急解决了。铁铮说，项目还没有启动，不可能分红，一旦启动肯定赚大钱。肖峰说能不能先借点钱救救急，铁铮说自己的钱也在项目里，拿不出来。挂了电话后，肖峰心里很失望，开始担心，这项目都投入一年了，还没有任何进展，项目到底是真的假的？什么时候才能启动？老肖看到儿子为老伴的医药费犯了难，就把老两口所有的存款全都取出来凑够了医疗费。肖峰内心非常愧疚，母亲生病自己都帮不上。肖峰借酒消愁，醉醺醺地找到茶馆老板说起这事。茶馆老板说，铁铮曾经也跟他说过这事，让他投点钱，将来肯定翻番赚，自己觉得不靠谱就没投。肖峰一听，觉得不对，当时铁铮不是说，外人有钱都不让往里投吗，怎么还跟茶馆老板说了？不会被铁铮忽悠了吧？肖峰越想越害怕，再次来到项目地点，发现项目已经动工，但是经核实，正在进行的项目和铁铮说的项目完全对不上，难道这块地根本不是铁铮拿下来的？肖峰打电话给铁铮，铁铮依旧说项目还没有启动，分红还要再耐心等等。肖峰有一种不详的预感，自己被骗了。一边是妻子提出离婚诉讼，一边是被好哥们儿欺骗，肖峰的心情糟糕透顶，悲愤到了极点。为了不打草惊蛇，肖峰就没有当场揭穿铁铮，而是马上报了警。可是，就在警方对此案调查时，妻子王丽做的一件事彻底激怒了肖峰。

原来，王丽提起离婚诉讼后，为了早点结束这段婚姻，经常来到婆婆入住的医院闹事，催肖峰尽快办理离婚手续。肖峰觉得视频来源有问题，问王丽那段视频到底是从哪儿来的？王丽没有回答。肖峰说，肯定是铁铮给的，因为那天的饭局是铁铮安排的，陪酒女也是铁铮叫的。王丽说，视频都有了，你还百般抵赖，谁给的已经不重要了。妻子的回答让肖峰更加确信这一切都是铁铮设下的圈套，肖峰气愤不已，在母亲的病榻前和王丽吵了起来，随后打了起来。肖峰母亲看到两人大打出手，心里更着急，本来就已病重，现在更是雪上加霜，直接导致心脏病发作，医生尽力抢救也未能挽救。

母亲的病逝让肖峰深受打击，总感觉是自己害死了母亲，无比愧疚。对肖峰来说，这一年发生了太多事，感觉这个世界都离他而去，先是被骗，随后妻子提出离婚，如今母亲去世，整个家就像被肢解了一样，而自己如行尸走肉。母亲去世后，肖峰把自己关在屋子里面，不愿意说话，也不想见人。他想不明白自认为最好的哥们儿为什么骗自己，自己心爱的女人为什么如此绝情，自己背负那么多债务，如今妻子却想一走了之。肖峰想不明白也走不出来，他甚至想到了死。为王丽付出了一切，自己如今倒霉了，王丽就像扔垃圾一样把自己扔得远远的，肖峰不甘心，决定再争取一次机会，如果王丽答应回家过日子，就活下去。如果王丽拒绝，就带上王丽一起走。铁定要离婚的王丽已经搬回娘家很久了，肖峰来到了王丽的娘家，在门口观察了半天，看到王丽的母亲出去买菜，就给父亲打了电话告别。然后骗王丽开了门，王丽当时一个人在家没有任何防备。肖峰最后一次问王丽能不能原谅他，王丽说不能。肖峰彻底绝望了，拿出尖刀连捅王丽三刀，然后割腕自尽，没想到自己被抢救过来。

说完了这一切，肖峰承认自己杀人有罪，愿意认罪伏法。但他追问警察，铁铮是个骗子，有没有被绳之以法？如果没有铁铮从中作梗，妻子也不会下决心和自己离婚，铁铮是罪魁祸首。原来，肖峰报警后不久，铁铮在机场被抓获。铁铮被逮捕后并不认罪，否认收过肖峰的钱财，说自己只是中间人的角色，不构成诈骗。法院认为，铁铮的诈骗行为分为两部分，先是暗地里向肖峰的家门泼油漆，发威胁短信并编造肖峰得罪“黑社会老大”虚假事实。然后，谎称能通过“神通广大”的高官父亲摆平这件事，借此骗取肖峰20万元。后又谎称，投资养老项目可以赚大钱，其实项目并不存在。铁铮喜欢王丽，为了和王丽在一起，背地里挑拨两人离婚。最终，法院以故意杀人罪，判处肖峰死刑、缓期2年执行，剥夺政治权利终身。以诈骗罪判处铁铮有期徒刑11年，剥夺政治权利2年，并处罚金2万元。

案件感悟：正确区分夫妻共同债务>>>

肖峰被朋友欺骗，妻子又提出离婚，在人生低谷自暴自弃走上了犯罪道路，那么肖峰所欠债务妻子王丽是否有义务偿还呢？是否属于夫妻共同债务，要看肖峰债务产生的时间是否在婚内，如果在婚前或离婚后产生的债务则与妻子王丽无关；如果是婚内一方对外产生的债务则要区分情况：

（1）判断是合法债务还是非法债务，比如赌博、吸毒等产生的非法债务不属于夫妻共同债务；

（2）夫妻一方对外借款时与债权人明确约定为个人债务的，不属于夫妻共同债务；

（3）夫妻之间有明确的财产约定，对外债务各自承担债权人知道该约定的。属于婚姻法第十九条第三款规定情形属于个人债务，即夫妻对婚姻关系存续期间所得的财产约定归各自所有的，夫或妻一方对外所负的债务，第三人知道该约定的，以夫或妻一方所有的财产清偿。

（4）夫妻一方在婚姻关系存续期间以个人名义超出家庭日常生活需要所负的债务，不属于夫妻共同债务，但是债权人能够证明该债务用于夫妻共同生活、共同生产经营或者基于夫妻双方共同意思表示的除外。对于夫妻一方超出家庭日常生活需要对外所负的债务不属于夫妻共同债务，但是债权人能够证明债务用于夫妻共同生活、共同生产经营，或者基于夫妻双方共同意思表示的除外，增加了债权人的举债责任。比如，债权人借一大笔钱给企业主个人，借款用于公司经营后来赔了，配偶说没有经过她同意，也没有用在家里，不属于夫妻共同债务，这时候就需要债权人举证证明借款是否用于夫妻共同生活、共同生产经营或者基于夫妻双方共同意思表示。债权人可以通过工商部门调取公司股东、董事、监事、法定代表人等情况，看配偶一方是否持股、是否共同经营从中获利；债权人也可以找证据证明借款的时候配偶是知情的（当时在场或事后默认），是共同的意思表示。债权人为避免此类风险，最简单的办法就是事先让夫妻双方共同签字，万无一失。